JN249376

子《こ》どもにウケる

将棋《しょうぎ》超《ちょう》入門《にゅうもん》

【創元社編集部編】

創元社

はじめに

将棋《しょうぎ》はとても楽《たの》しいゲームです。ただ最《さい》初《しょ》は、駒《こま》の動《うご》きやルールをおぼえなければいけません。

ちょっとめんどうだけど、お父《とう》さん、お母《かあ》さん、場合《ばあい》によっては、お友《とも》だち、おじいさんやおばあさんの助《たす》けを借《か》りながら、おぼえてくださいね。そこまでたいへんでもありませんよ。

実際《じっさい》に指《さ》してみると、将棋《しょうぎ》の楽《たの》しさや奥《おく》の深《ふか》さが、よくわかります。ふたりでおこなうゲームなので、将棋友《しょうぎとも》だちもたくさん

できるでしょう。
「将棋《しょうぎ》をおぼえてよかった！」とあなたが思《おも》う日《ひ》が、いつかかならずくるはずです。

◎お父さん、お母さんへ

お子さんが将棋に興味を持つかどうかは、親御さんの対応しだいです。たとえ将棋を知らなくても、子どもといっしょに知ろう、楽しもう、という意欲的な姿を見せてください。

親子で勝ったり負けたりで盛りあがる、そんな楽しさが、お子さんを将棋の世界にみちびきます。

もくじ

1章《しょう》◆さあはじめよう！ 将棋《しょうぎ》の第一歩《だいいっぽ》

もくじ

もくじ

●デザイン：山本卓美●イラスト：星野克幸
※本文中の棋士の段位や称号、記録などは、2017年12月時点のものです。

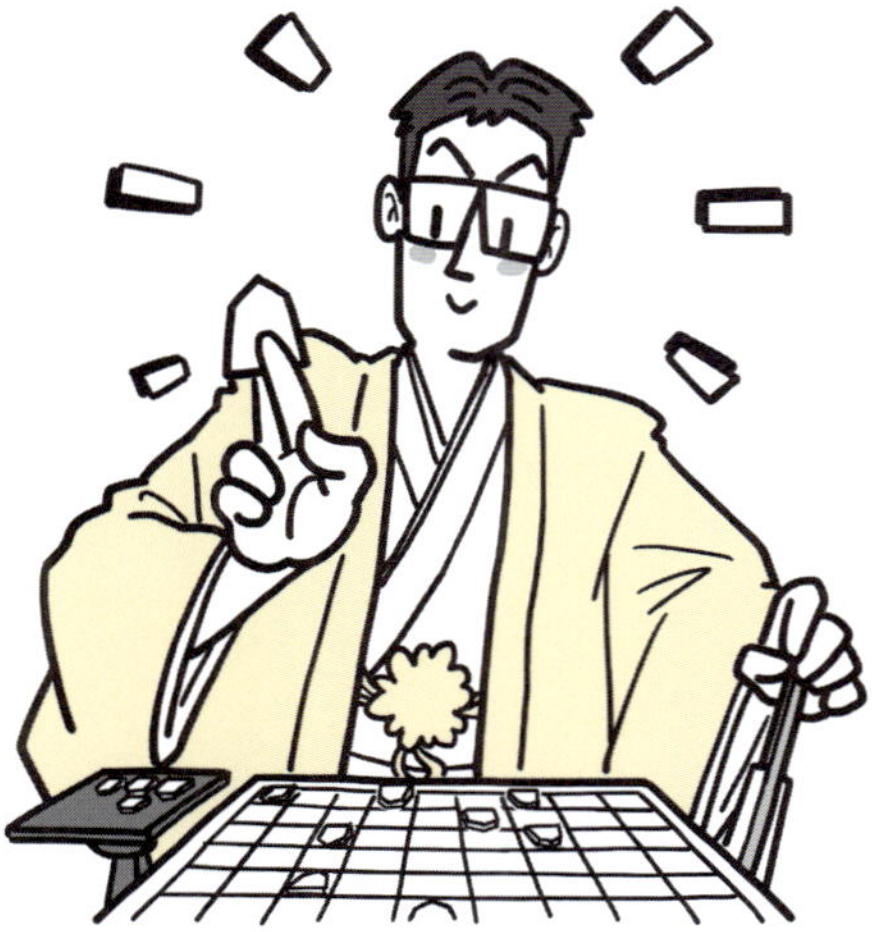

1章《しょう》

さあはじめよう！
将棋《しょうぎ》の第一歩《だいいっぽ》

基本《きほん》のルールと必要《ひつよう》な道具《どうぐ》

将棋《しょうぎ》は、専用《せんよう》の盤《ばん》と駒《こま》を使《つか》って、ふたりでおこなうゲームです。

盤《ばん》にならべた駒《こま》をふたりで交互《こうご》に動《うご》かしていって、相手《あいて》の王さまの駒《こま》を取《と》ると勝《か》ち。取《と》られたら負《ま》け。これが基本《きほん》のルールです。

駒《こま》にはいろいろな種類《しゅるい》があり、動《うご》きかたも決《き》まっています。また、これは反則《はんそく》、こうするのはダメといった約束《やくそく》ごとがありますが、それらは、あとのページで順《じゅん》に説明《せつめい》していきますね。

盤《ばん》と駒《こま》は、デパートや大手《おおて》スーパーなどのおも

ちゃ売《う》り場《ば》、ボードゲーム売《う》り場《ば》に「将棋《しょうぎ》セット」として売《う》られています。近《ちか》くにお店《みせ》がなければ、インターネットの通販《つうはん》サイトでも買《か》えます。

将棋《しょうぎ》をすることを、「将棋《しょうぎ》を指《さ》す」といいます。また、勝敗《しょうはい》がつくまでふたりで将棋《しょうぎ》を指《さ》すことを「対局《たいきょく》」といいます。

対局数《たいきょくすう》は「1局《きょく》」「2局《きょく》」と数《かぞ》えます。たとえば「3局目《きょくめ》を指《さ》そうよ」などという言《い》いかたをします。

友《とも》だちを将棋《しょうぎ》にさそうとき、

「これから将棋指《しょうぎさ》さない？」

「さあ、これから対局《たいきょく》だよ」

と言《い》うわけです。カッコいいでしょ！

さあそれでは、これから将棋《しょうぎ》を指《さ》すために必要《ひつよう》な約束《やくそく》ごとを、少《すこ》しずつおぼえていきましょう。

将棋盤《しょうぎばん》の見《み》かた

将棋盤《しょうぎばん》には、縦《たて》と横《よこ》の線《せん》が引《ひ》いてあります。この縦横《たてよこ》の線《せん》で囲《かこ》まれた四角《しかく》いマスの中《なか》に、自分側《じぶんがわ》も相手側《あいてがわ》も駒《こま》をおいて動《うご》かしていきます。

縦線《たてせん》と横線がまじわる点《てん》の上《うえ》に駒《こま》をおくと思《おも》っている人《ひと》がいますが、それはちがいますよ。気《き》をつけて。

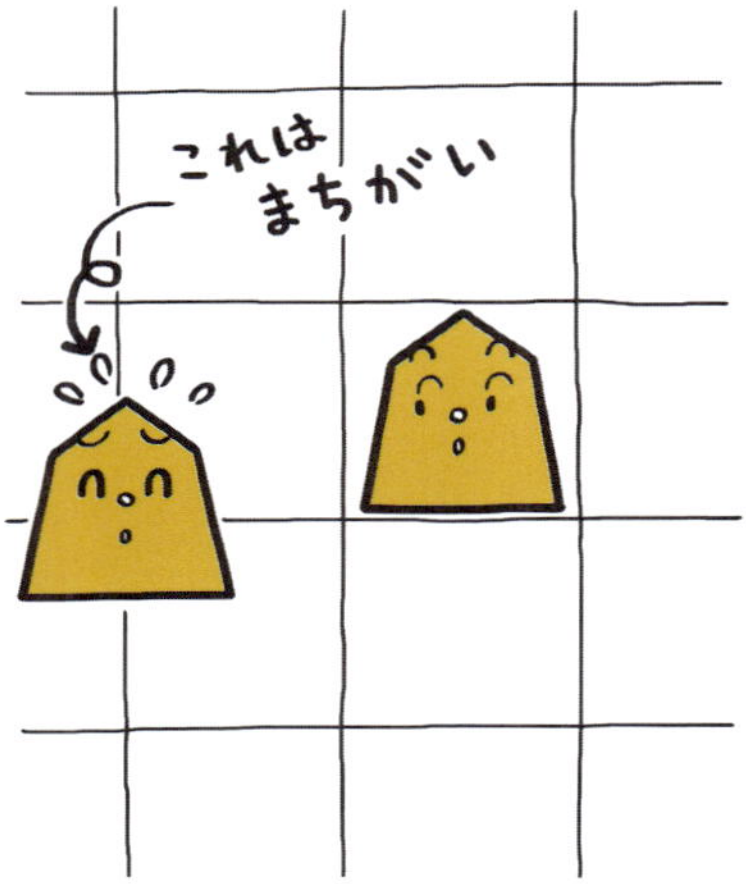

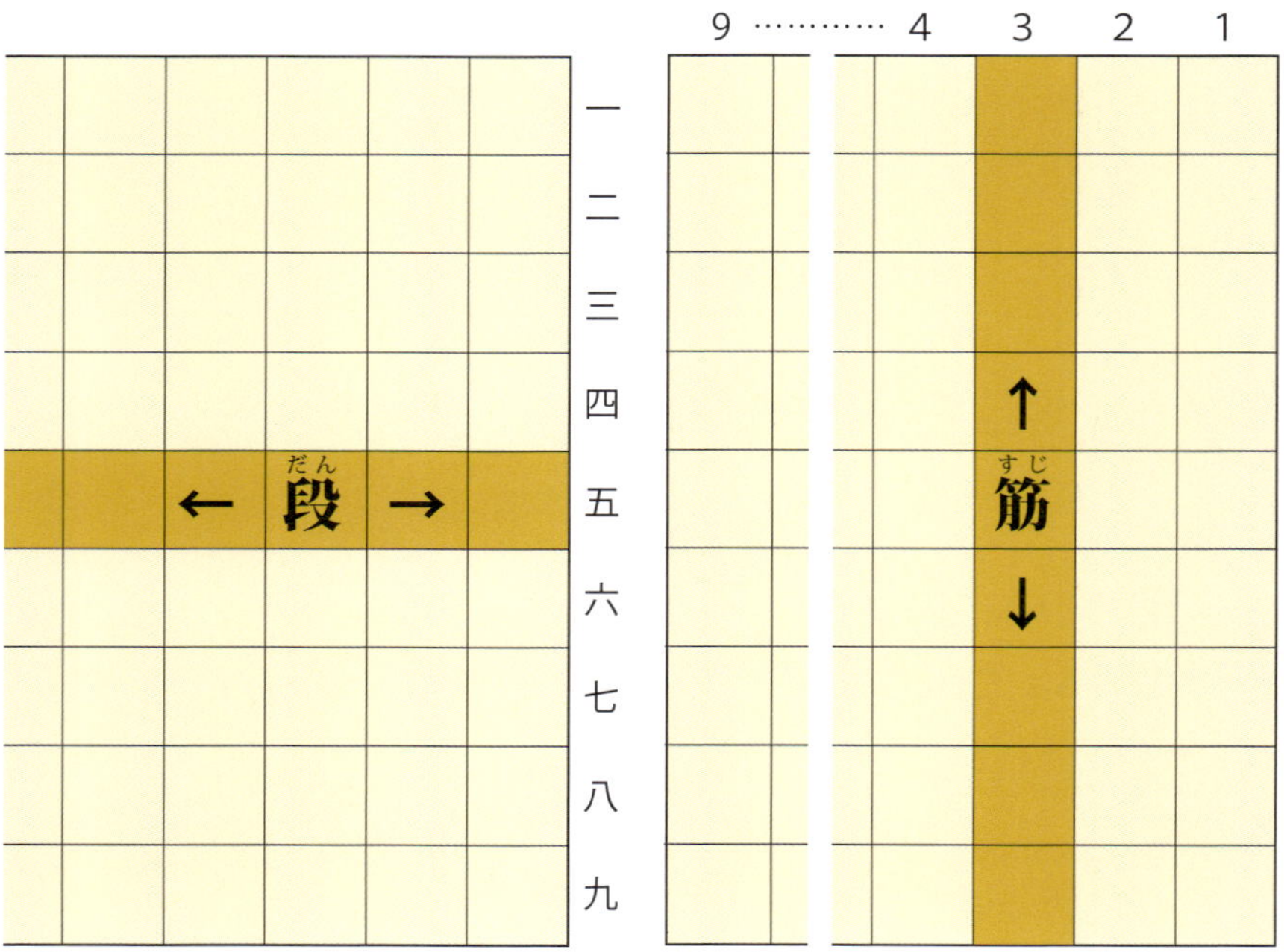

マスの縦《たて》の列《れつ》を「筋《すじ》」と呼《よ》びます。右《みぎ》から1、2、3……と、9筋《すじ》まであります。**横《よこ》の列《れつ》は「段《だん》」と呼《よ》びます。**こちらは上《うえ》から一、二、三……と、九段《だん》まであります。

9列《れつ》と九段《だん》ですから、盤《ばん》のマスは全部《ぜんぶ》で81あります。

縦《たて》の「筋《すじ》」は、番号《ばんごう》が1、2、3と算用数字《さんようすうじ》、横《よこ》の「段《だん》」は一、二、三と漢数字《かんすうじ》です。

盤《ばん》は、縦《たて》の「筋《すじ》」と横《よこ》の「段《だん》」の組《く》み合《あ》わせで、マスの場所《ばしょ》がわかるしくみになっています。たとえば5筋《すじ》の四段目《だんめ》は、下《した》の図《ず》の5四の位置《いち》になります。

むずかしいように思《おも》っても、なれてくると、盤《ばん》を見《み》ずに、この筋《すじ》と段《だん》の数字《すうじ》だけで、マスの位置《いち》がすぐにわかるようになりますよ。

〈筋《すじ》と段《だん》でわかるマスの位置《いち》〉

9	8	7	6	5	4	3	2	1	
9一	8一	7一	6一	5一	4一	3一	2一	1一	一
9二	8二	7二	6二	5二	4二	3二	2二	1二	二
9三	8三	7三	6三	5三	4三	3三	2三	1三	三
9四	8四	7四	6四	5四	4四	3四	2四	1四	四
9五	8五	7五	6五	5五	4五	3五	2五	1五	五
9六	8六	7六	6六	5六	4六	3六	2六	1六	六
9七	8七	7七	6七	5七	4七	3七	2七	1七	七
9八	8八	7八	6八	5八	4八	3八	2八	1八	八
9九	8九	7九	6九	5九	4九	3九	2九	1九	九

ここをマスと呼《よ》びます。

駒《こま》の枚《まい》数《すう》と位《い》置《ち》

将棋《しょうぎ》の駒《こま》は全部《ぜんぶ》で40枚《まい》。自分《じぶん》も相手《あいて》も20枚《まい》ずつ使《つか》います。

駒《こま》の種類《しゅるい》は、玉将《ぎょくしょう》と王将《おうしょう》、飛車《ひしゃ》、角行《かくぎょう》、金将《きんしょう》、銀将《ぎんしょう》、桂馬《けいま》、香車《きょうしゃ》、歩兵《ふひょう》の8種類《しゅるい》。

この8種類《しゅるい》の駒《こま》が、つぎの枚数《まいすう》あります。

◎玉将《ぎょくしょう》と王将《おうしょう》…1枚《まい》ずつ
◎飛車《ひしゃ》……………2枚《まい》
◎角行《かくぎょう》……………2枚《まい》
◎金将《きんしょう》……………4枚《まい》
◎銀将《ぎんしょう》……………4枚《まい》
◎桂馬《けいま》……………4枚《まい》

玉将《ぎょくしょう》
王将《おうしょう》
＊1枚《まい》ずつ

飛車《ひしゃ》
2枚《まい》

角行《かくぎょう》
2枚《まい》

金将《きんしょう》
4枚《まい》

銀将《ぎんしょう》
4枚《まい》

桂馬《けいま》
4枚《まい》

香車《きょうしゃ》
4枚《まい》

歩兵《ふひょう》
18枚《まい》

◎香車《きょうしゃ》……………4枚《まい》
◎歩兵《ふひょう》……………18枚《まい》

これで合計《ごうけい》40枚《まい》ですね。

これらの駒《こま》は、下《した》の図《ず》のようにならべます。筋《すじ》の中央《ちゅうおう》に、王《おう》さまである玉将《ぎょくしょう》または王将《おうしょう》がいて、それをほかの駒《こま》が守《まも》っています。この図《ず》のような駒《こま》のならべかたから、対局《たいきょく》は始《はじ》まります。

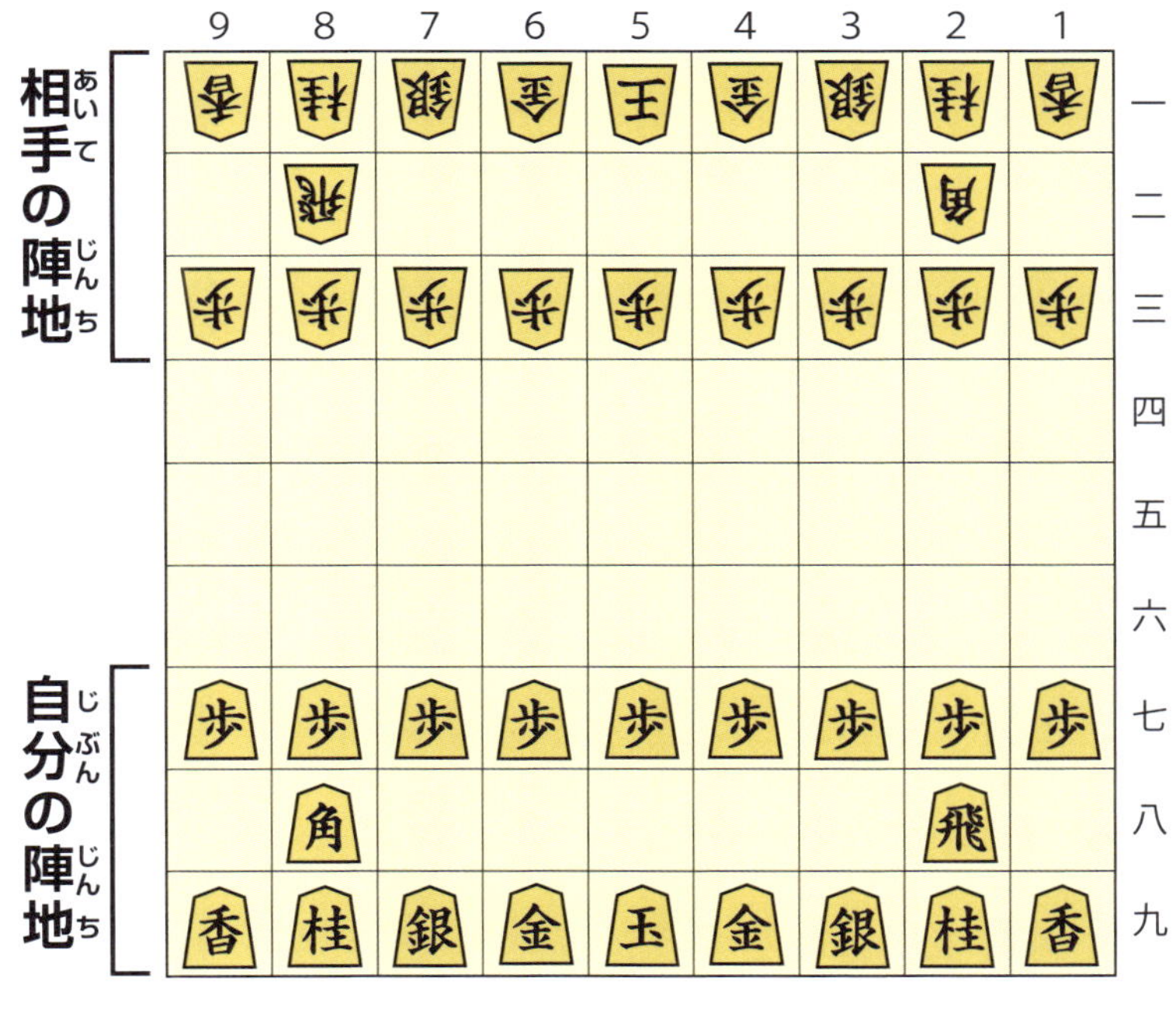

駒《こま》の動《うご》きは「進《すす》む」と「取《と》る」

駒《こま》の動《うご》きは種類《しゅるい》によってさまざま。いっきにドーンと前《まえ》に進《すす》める駒《こま》もあれば、マス目《め》をひとつずつ、ゆっくりにしか動《うご》けない駒《こま》もあります。

いずれにしても、駒《こま》ごとに決《き》まった動《うご》きかたで**前《まえ》に移動《いどう》する**、つまり**「進《すす》む」**ことから将棋《しょうぎ》はスタートします。

どの駒《こま》がどんな動《うご》きかたをするかは、16ページから

〈進《すす》む〉

こんな進《すす》みかたをする駒《こま》もあります。

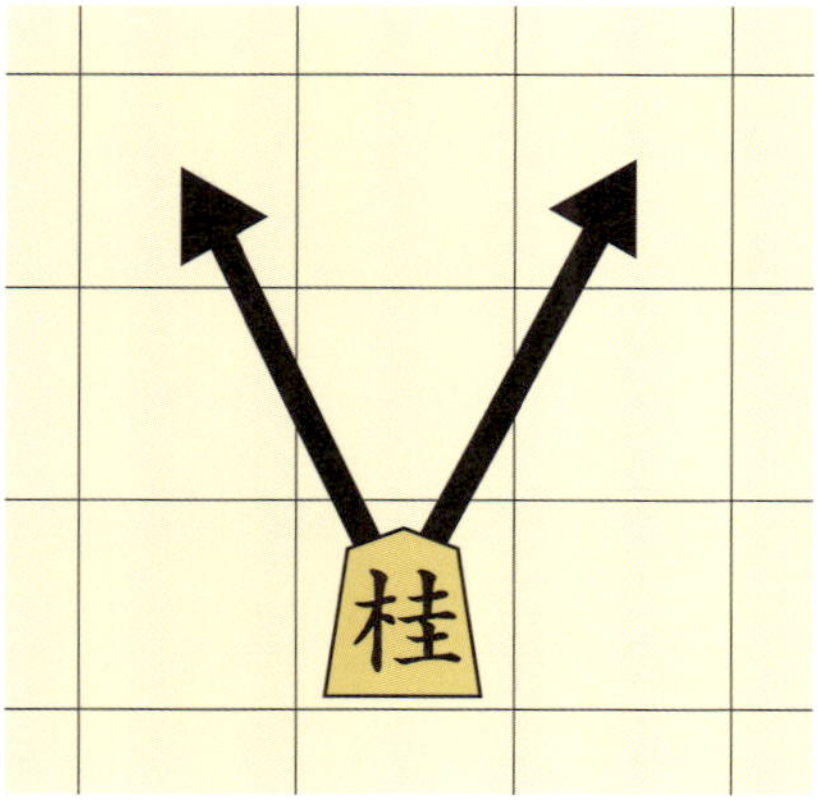

〈進《すす》む〉

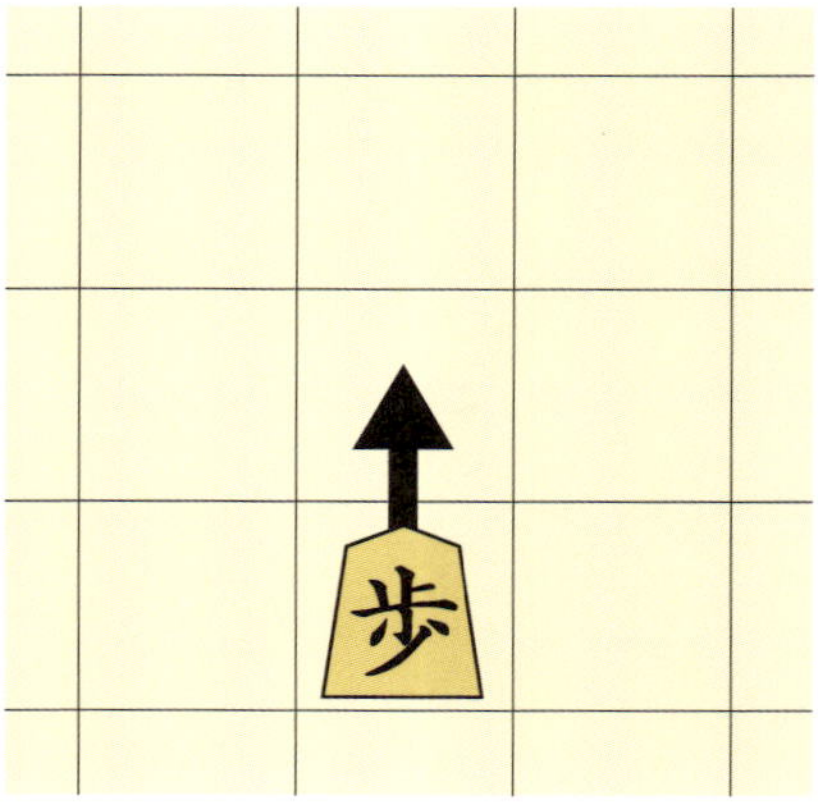

くわしく説明《せつめい》するので、おぼえてくださいね。**駒《こま》を進《すす》めて**いくと、やがて自分《じぶん》の駒《こま》が行《い》けるマス目《め》に、相手《あいて》の駒《こま》がいることもあります。こういうときは**相手《あいて》の駒《こま》を取《と》って、**そのマス目《め》に**自分《じぶん》の駒《こま》を進《すす》める**ことができます。これが「**取《と》る**」です。

相手《あいて》も、動《うご》ける場所《ばしょ》にこちらの駒《こま》があれば、それを取《と》ることができます。

マス目《め》を「進《すす》む」。そして進《すす》む先《さき》に相手《あいて》の駒《こま》があったら、それを「取《と》る」。この2つが、駒《こま》の動《うご》きの基本《きほん》です。

〈取《と》る〉

自分《じぶん》が進《すす》む先《さき》に相手《あいて》の駒《こま》があったら、駒《こま》を取《と》って進《すす》めます。

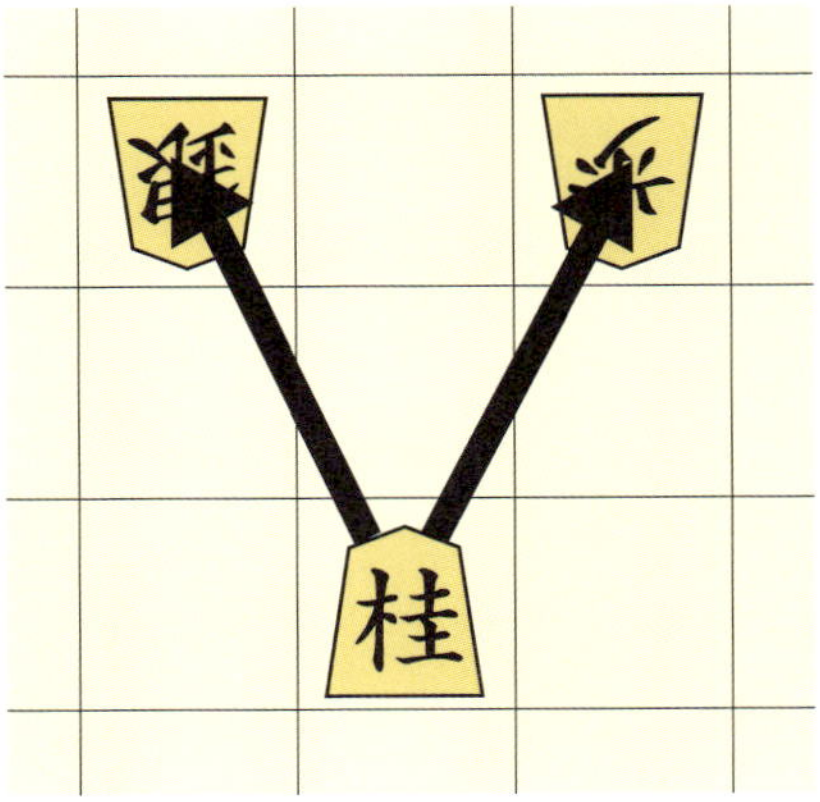

〈取《と》る〉

相手《あいて》が進《すす》める場所《ばしょ》に自分《じぶん》の駒《こま》がいたら、取《と》られてしまうよ。

歩兵《ふひょう》の動《うご》きかた

「歩兵《ふひょう》」は、ふつうは略《りゃく》して「歩《ふ》」といいます。この本《ほん》でも広《ひろ》く一般《いっぱん》に使《つか》われる呼《よ》びかたで、このあとからは「歩《ふ》」と呼《よ》んでいきます。

歩《ふ》は自分側《じぶんがわ》も相手側《あいてがわ》も9枚《まい》ずつあり、横《よこ》1列全《れつぜん》部《ぶ》にならびます（13ページ図《ず》を見《み》てください）。

歩《ふ》とは宝物《たからもの》を守《まも》る人《ひと》（兵《へい》）という意味《いみ》です。戦《せん》闘《とう》チームの最前線《さいぜんせん》で戦《たたか》う、兵士《へいし》の役目《やくめ》だといえますね。

前《まえ》に1マスだけ進《すす》むのが歩《ふ》の動き。右《みぎ》や左《ひだり》、ななめ、うしろには動《うご》くことはできません。

前《まえ》に自分《じぶん》の駒《こま》があるときは、進《すす》むことはできません。飛《と》びこえていくこともできません。

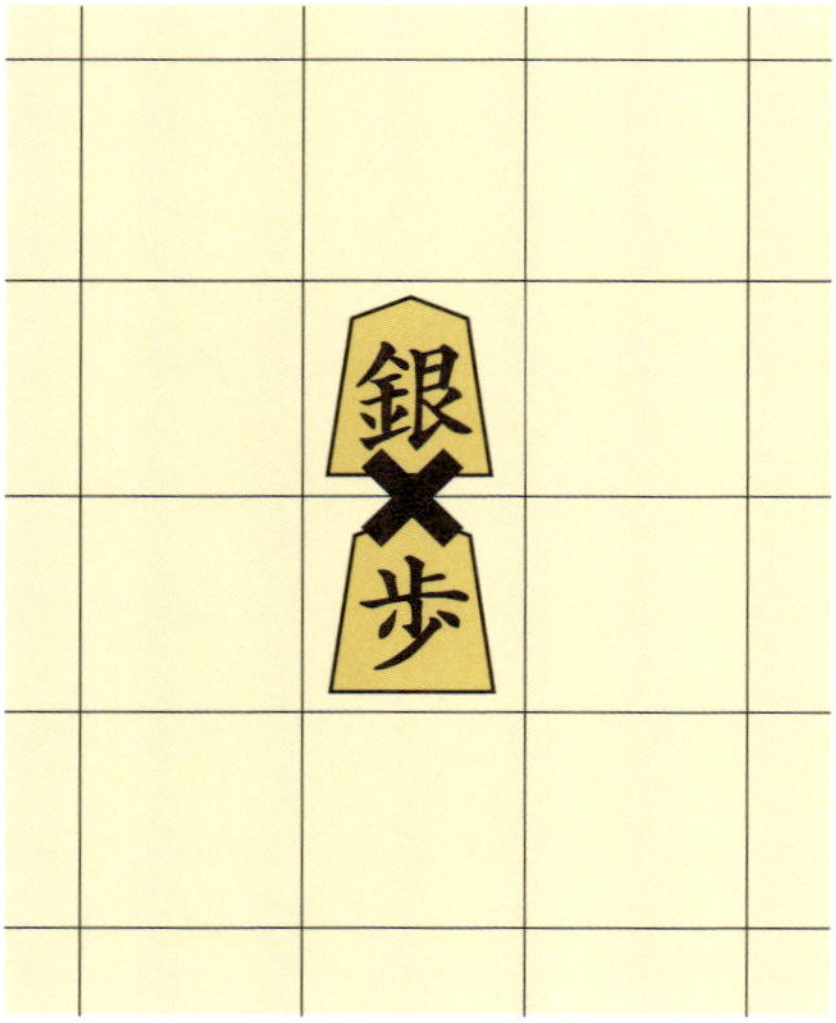

歩《ふ》は前《まえ》に1マスずつしか進《すす》めません。

また、もし前《まえ》に自分側《じぶんがわ》の駒《こま》があるときは、歩《ふ》の進行《しんこう》はそこでストップします。味方《みかた》の駒《こま》を**飛《と》びこえたり、よけたりすることはできません**よ。前《まえ》にある自分《じぶん》の駒《こま》が動《うご》かないかぎり、歩《ふ》はその場所《ばしょ》にとどまっているしかないのです。

このように歩《ふ》は、前《まえ》に1マスずつしか行《い》けず、進《すす》みかたがおそいので、初心者《しょしんしゃ》にはのろくて弱《よわ》い駒《こま》だと思《おも》われがちです。

でも、プロ棋士《きし》は、歩《ふ》をとても大切《たいせつ》にします。駒《こま》のなかでいちばん数《かず》が多《おお》く、いろんな使《つか》いかたができる、じつはすぐれものの駒《こま》なのです。

歩《ふ》を大切《たいせつ》にしようという意味《いみ》の「一歩千金《いっぷせんきん》」「歩《ふ》のない将棋《しょうぎ》は負《ま》け将棋《しょうぎ》」などという、有名《ゆうめい》な将棋《しょうぎ》格言《かくげん》があるくらいです。

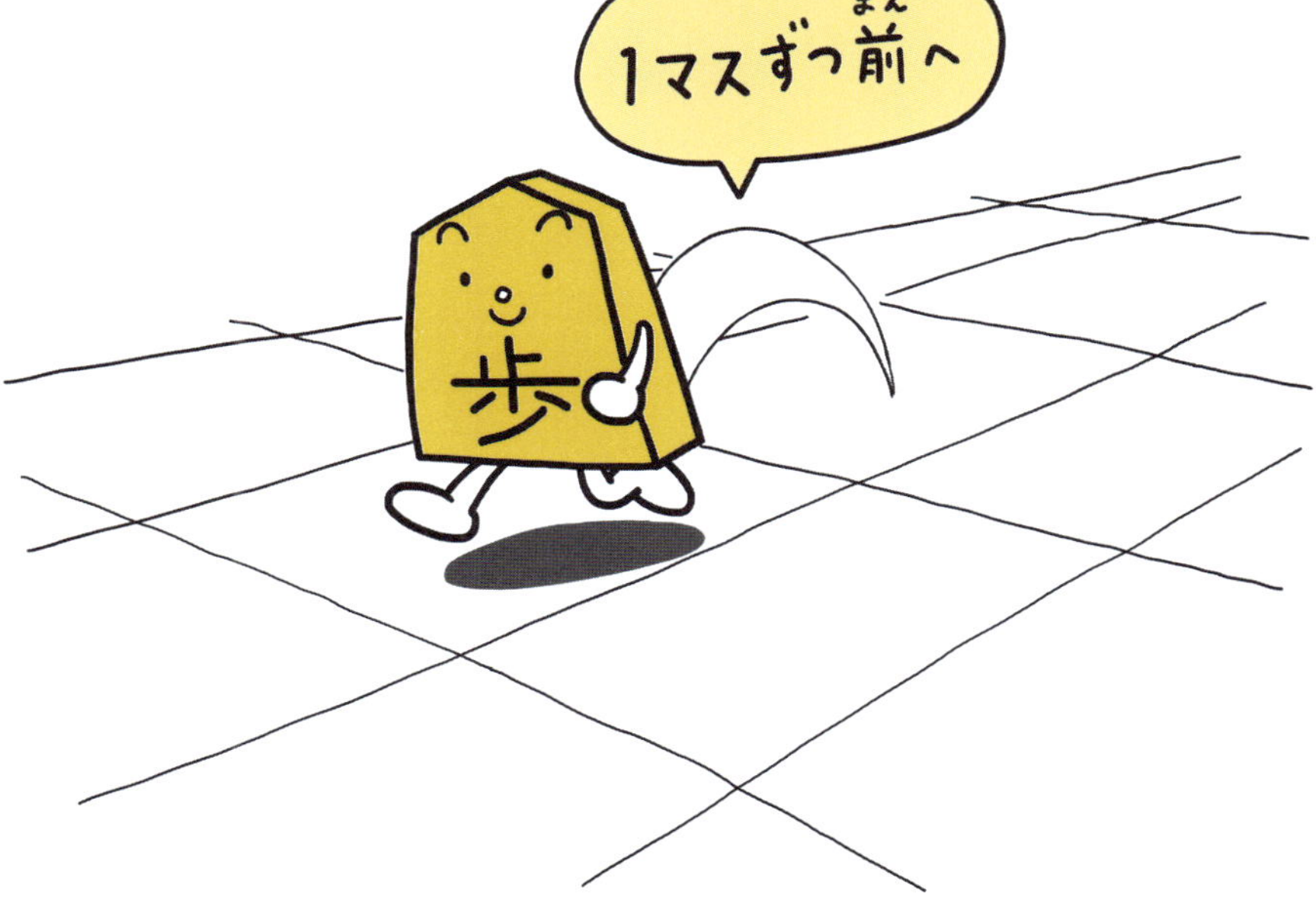

香車《きょうしゃ》の動《うご》きかた

「香車《きょうしゃ》」は自分側《じぶんがわ》に2枚《まい》、相手側《あいてがわ》も2枚《まい》。ともに盤《ばん》の両《りょう》はしに位置《いち》しています（13ページ図《ず》を参照《さんしょう》）。

ふつうは「香車《きょうしゃ》」よりも「香《きょう》」と呼ばれることが多《おお》いので、この本《ほん》もこれから「香《きょう》」といいます。

香《きょう》の動《うご》きは、前《まえ》に一直線《いっちょくせん》。盤《ばん》のいちばんむこうまででも、いっぺんに行《い》くことができます。

そういう動《うご》きのせいか、この駒《こま》には「槍《やり》」という別名《べつめい》もありました。はなれた敵《てき》を、まっすぐグイッと突《つ》くイメージからついた名前《なまえ》です。

ずっと先《さき》までにらみがきくという意味《いみ》の、「香《きょう》

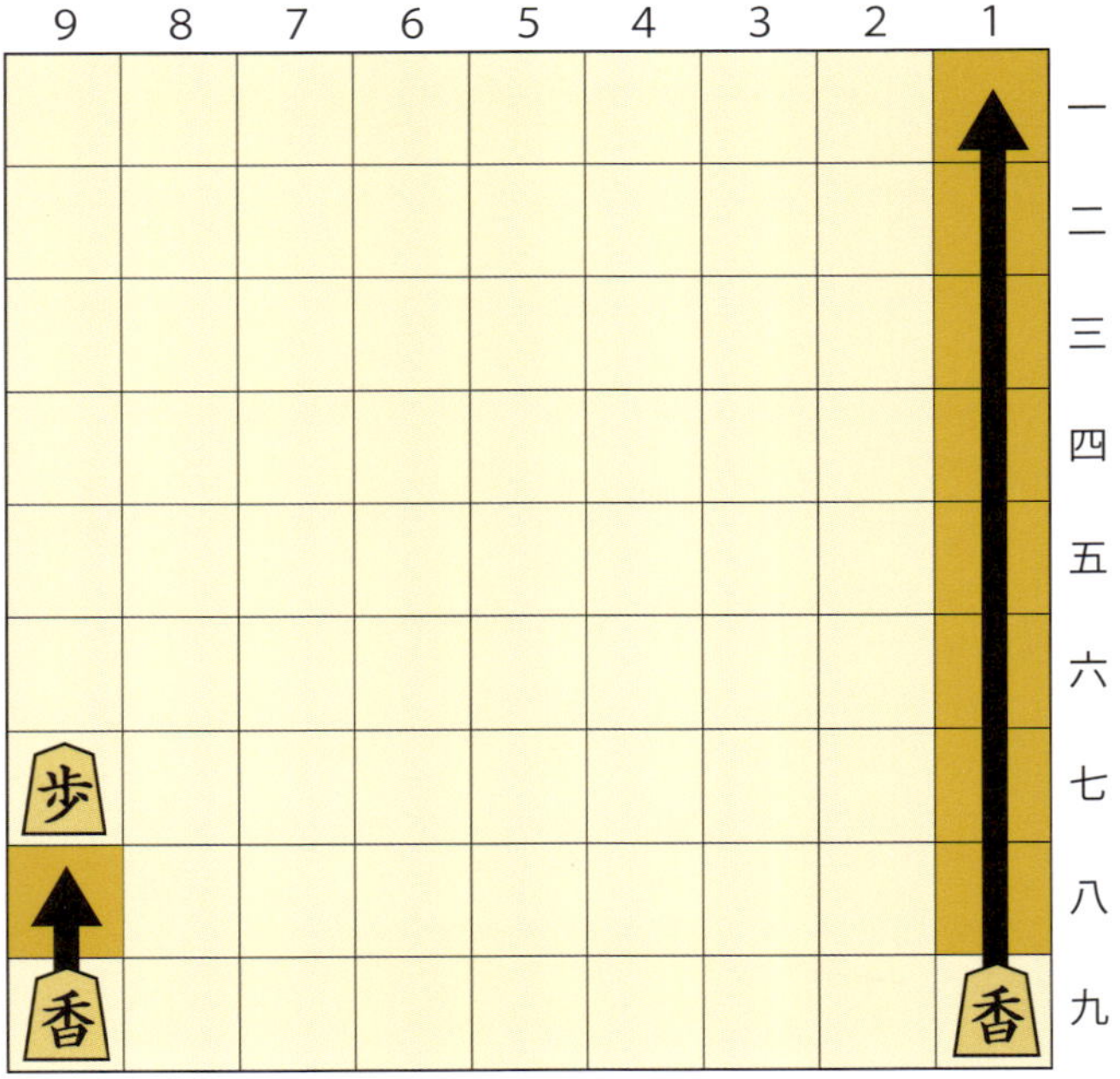

香《きょう》は自分《じぶん》の駒《こま》や相手《あいて》の駒《こま》がなければ、まっすぐどこまでも進《すす》めます。
ただし、前《まえ》に自分《じぶん》の駒《こま》があるときは、飛《と》びこえることはできません。
そのうしろまでです。

は下段《げだん》から打《う》て」という格言《かくげん》があります。

何《なん》マスでもまっすぐ進《すす》めるとはいえ、それ以外《いがい》の場所《ばしょ》へは動《うご》けません。右《みぎ》にも左《ひだり》にも、ななめにも行《い》けませんし、うしろにさがるのもダメです。

また、前《まえ》に自分《じぶん》の駒《こま》がある場合《ばあい》、それを飛《と》びこえて進《すす》んでいくということもできません。

「あ、行《い》きすぎちゃった」と思《おも》っても、あともどりはできないので、動《うご》かすときには気《き》をつけてくださいね。

桂《けい》馬《ま》の動《うご》きかた

「桂馬《けいま》」は略《りゃく》して、ふつうは「桂《けい》」と呼《よ》びます。この本《ほん》でも以降《いこう》は「桂《けい》」としています。相手側《あいてがわ》も自分側《じぶんがわ》も2枚《まい》ずつ。おく場所《ばしょ》は香《きょう》のとなり、2筋《すじ》と8筋《すじ》の位置《いち》です（13ページを参照《さんしょう》）。

「馬《うま》」とついた駒《こま》だけあって、桂《けい》は馬《うま》のようにピョーンと跳《と》ぶのが特徴《とくちょう》。戦闘隊《せんとうたい》の騎兵《きへい》の役目《やくめ》といえるでしょう。このため桂《けい》が動《うご》くとき、「跳《と》ぶ」とか「跳《は》ねる」と言《い》うことが多《おお》いです。

下《した》の右《みぎ》の図《ず》を見《み》てください。変《か》わった動《うご》きかたでしょ？ 桂《けい》がいる場所《ばしょ》から**2マス先《さき》の、右《みぎ》と左《ひだり》**

2マス先《さき》の右《みぎ》と左《ひだり》に自分《じぶん》の駒《こま》があるときは、進《すす》むことはできません。

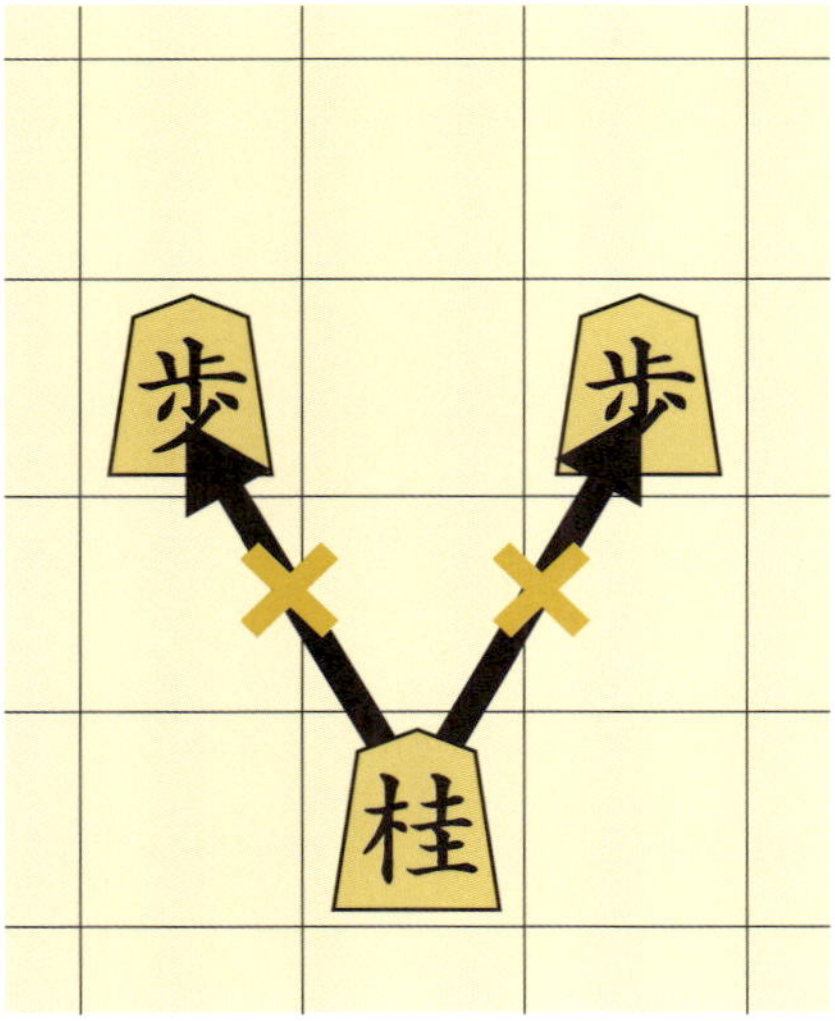

桂《けい》は2マス先《さき》の右《みぎ》と左《ひだり》に行《い》けます。前《まえ》に自分《じぶん》や相手《あいて》の駒《こま》があっても、飛《と》びこえていくことができます。

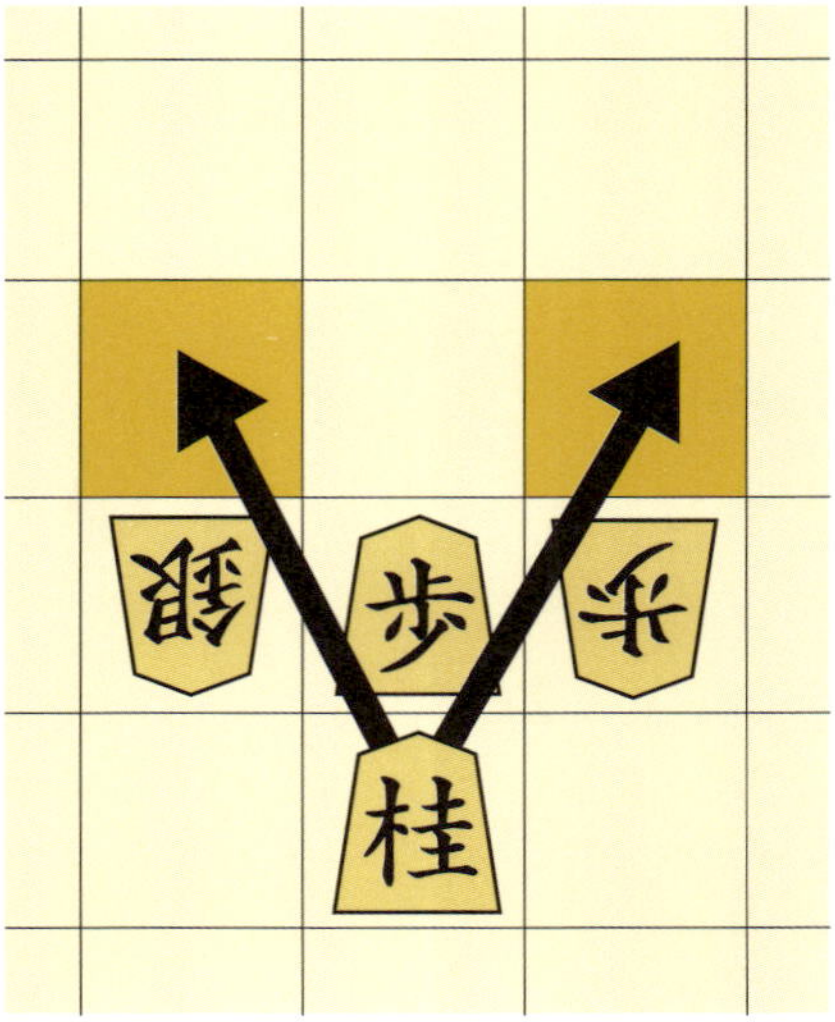

に動《うご》けます。この2か所以外《しょいがい》は、左右《さゆう》、前後《ぜんご》、ななめに動《うご》くことはできません。

前《まえ》に自分《じぶん》や相手《あいて》の駒《こま》があっても、飛《と》びこえていけるのが、ほかの駒《こま》とちがうところ。

ただし、右《みぎ》ページの左《ひだり》の図《ず》のように、動《うご》ける位《い》置《ち》に自分《じぶん》の駒《こま》があったときは、それをよけたり、飛《と》びこえたりできないのは、歩《ふ》や香《きょう》と同《おな》じです。


ジャンプして進《すす》める反面《はんめん》、あともどりはできません。調子《ちょうし》にのってどんどん跳《と》んでいくと、かんたんに取《と》られちゃうよという意味《いみ》の、「桂《けい》の高跳《たかと》び歩《ふ》の餌食《えじき》」という、有名《ゆうめい》な将棋《しょうぎ》の格言《かくげん》もあります。

桂《けい》が盤《ばん》のはしにいるときは、とうぜんですが左側《ひだりがわ》（反対《はんたい》のはしなら右側《みぎがわ》）にしか跳《と》べません。

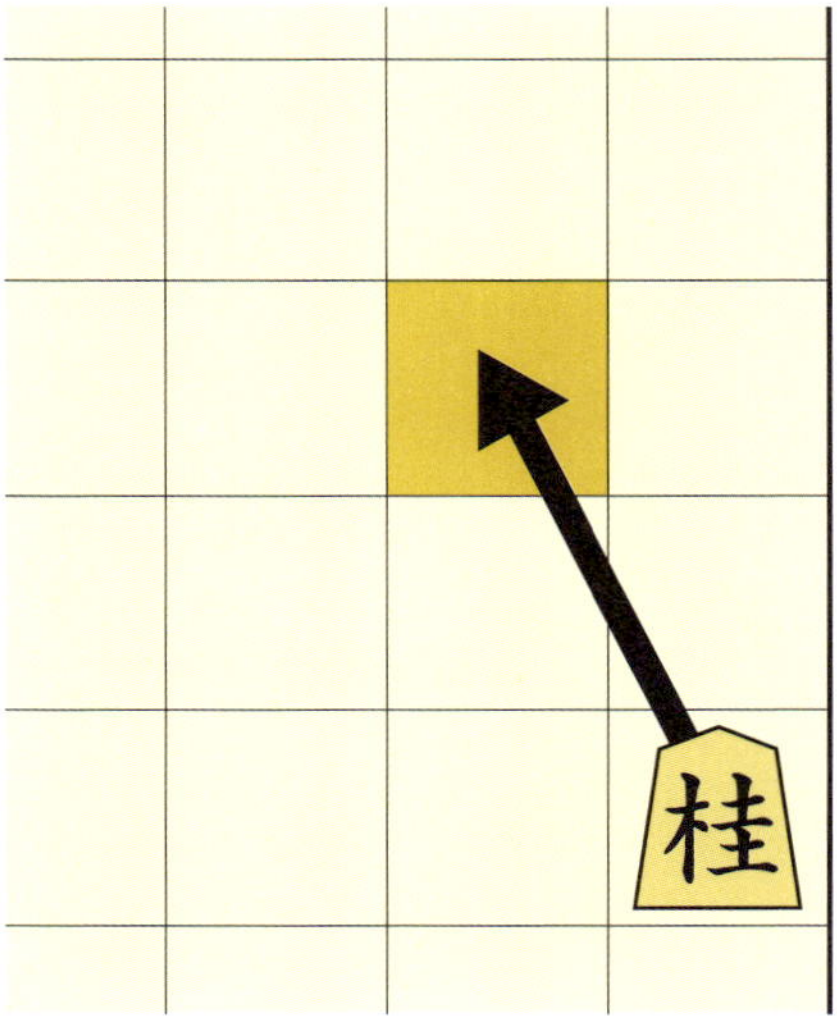

銀《ぎん》将《しょう》の動《うご》きかた

「銀将《ぎんしょう》」は、略《りゃく》して「銀《ぎん》」と呼ばれます。この本《ほん》でも、「銀《ぎん》」で統一《とういつ》しています。相手側《あいてがわ》も自分側《じぶんがわ》も2枚《まい》ずつ。桂《けい》のとなりの3筋《すじ》と7筋《すじ》が銀《ぎん》の位置《いち》です（13ページ図《ず》を参照《さんしょう》）。

動《うご》ける場所《ばしょ》は、下《した》の図《ず》のように**前《まえ》の3か所《しょ》**、それから**ななめうしろ2か所《しょ》**の、**合計《ごうけい》5か所《しょ》**。左右《さゆう》とまうしろには動《うご》けませんので、気《き》をつけて。

なお、銀《ぎん》が動《うご》ける場所《ばしょ》に自分《じぶん》の駒《こま》があるときは、ほかの駒《こま》と同《おな》じように、その位置《いち》へ進《すす》んだり、飛《と》びこえたりはできませんよ。

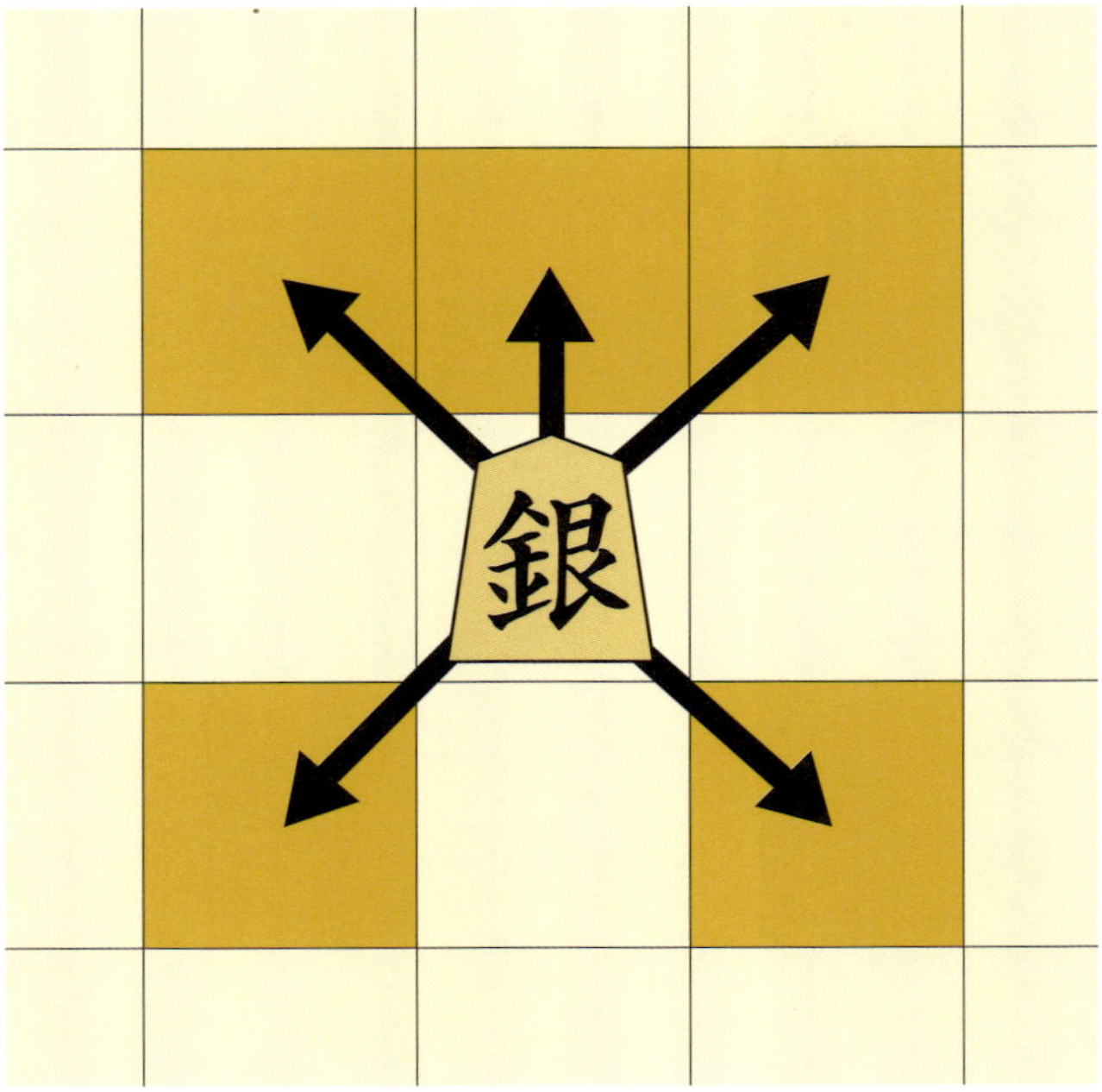

ななめうしろに行《い》けるのが銀《ぎん》の魅力《みりょく》。進《すす》むところに自分《じぶん》の駒《こま》があるときは、そこには行《い》けません。また、盤《ばん》のはしにあるときは、盤《ばん》の外《そと》へは行《い》けません。

ななめに進《すす》み、ななめにさがることができるのが、ほかの駒《こま》にはない最大《さいだい》の特徴《とくちょう》で魅力《みりょく》。**ジグザグ移動《いどう》ができる**ので、こまわりがきいたすばやい攻撃《こうげき》ができるのです。

スピードのある**攻撃戦士《こうげきせんし》**、それが**銀《ぎん》**です。**攻《せ》め**にもっともよく使《つか》われ、**相手陣《あいてじん》**にむかっていくことが多《おお》いので、**特攻隊《とっこうたい》**の**斬《き》りこみ隊長《たいちょう》**といった役《やく》どころでしょうか。**「銀《ぎん》は攻《せ》めに」**をおぼえましょう。

格言（ことわざ）にも、**「攻《せ》めは銀《ぎん》、守《まも》りは金《きん》」**というのがあります。

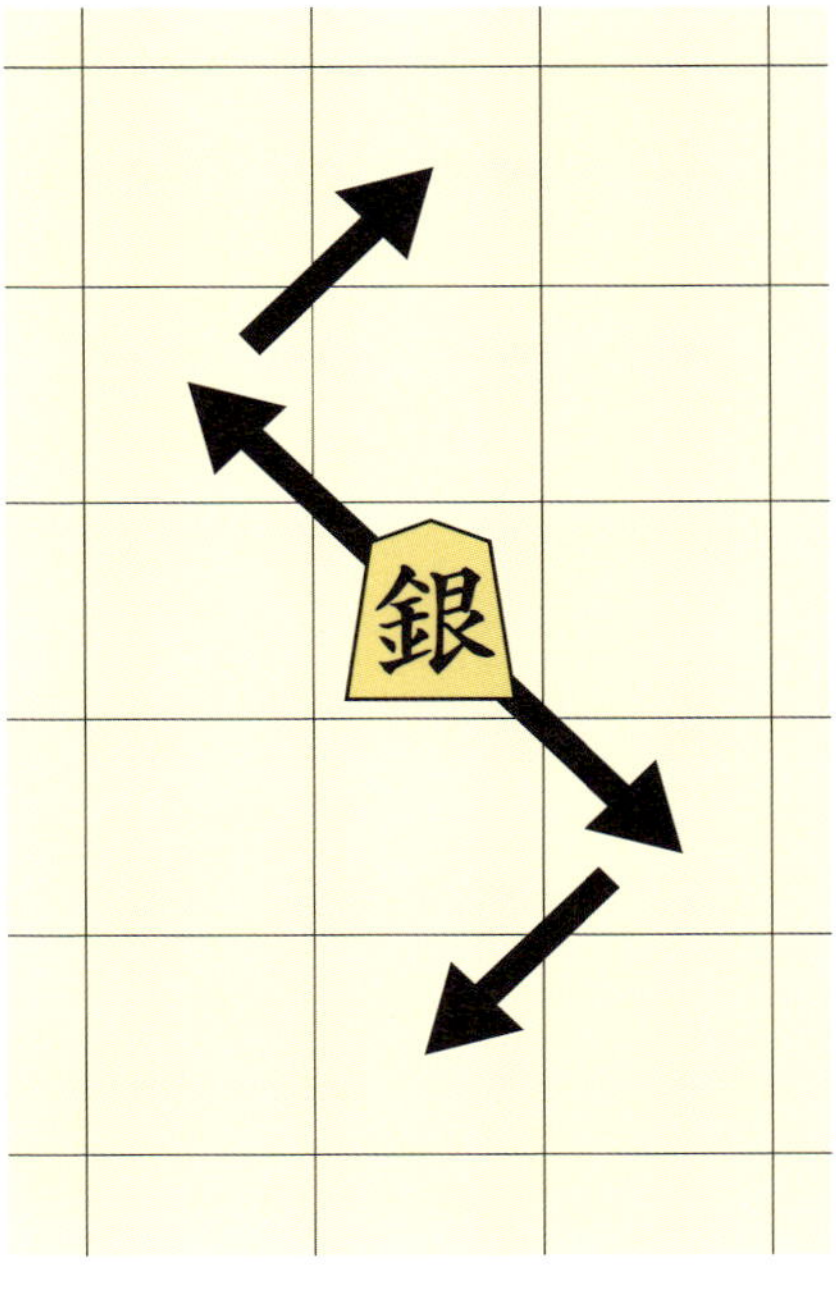

ジグザグに動《うご》けるのが銀《ぎん》の魅力《みりょく》。ほかの駒《こま》にはない動《うご》きで、攻撃《こうげき》に使《つか》いやすいのが特長《とくちょう》です。

金将《きんしょう》の動《うご》きかた

「金将《きんしょう》」が正式《せいしき》の名前《なまえ》ですが、ふつうは「金《きん》」と略《りゃく》して呼《よ》ばれます。この本《ほん》でも、「金《きん》」に統一《とういつ》しています。

金《きん》は相手側《あいてがわ》が2枚《まい》、自分側《じぶんがわ》も2枚《まい》。玉《ぎょく》（王《おう》）の両《りょう》どなりに位置《いち》しています（13ページ図《ず》を参照《さんしょう》）。

金《きん》が動《うご》けるのは、**前《まえ》の段《だん》の3か所《しょ》、そして左右《さゆう》2か所《しょ》、まうしろ1か所《しょ》の合計《ごうけい》6か所《しょ》**。22ページの銀《ぎん》より、1か所多《しょおお》く動《うご》けるわけです。

ただ、ななめうしろには行《い》けません。銀《ぎん》がななめうしろに行《い》けるのとは反対《はんたい》です。銀《ぎん》の動《うご》きと混《こん》

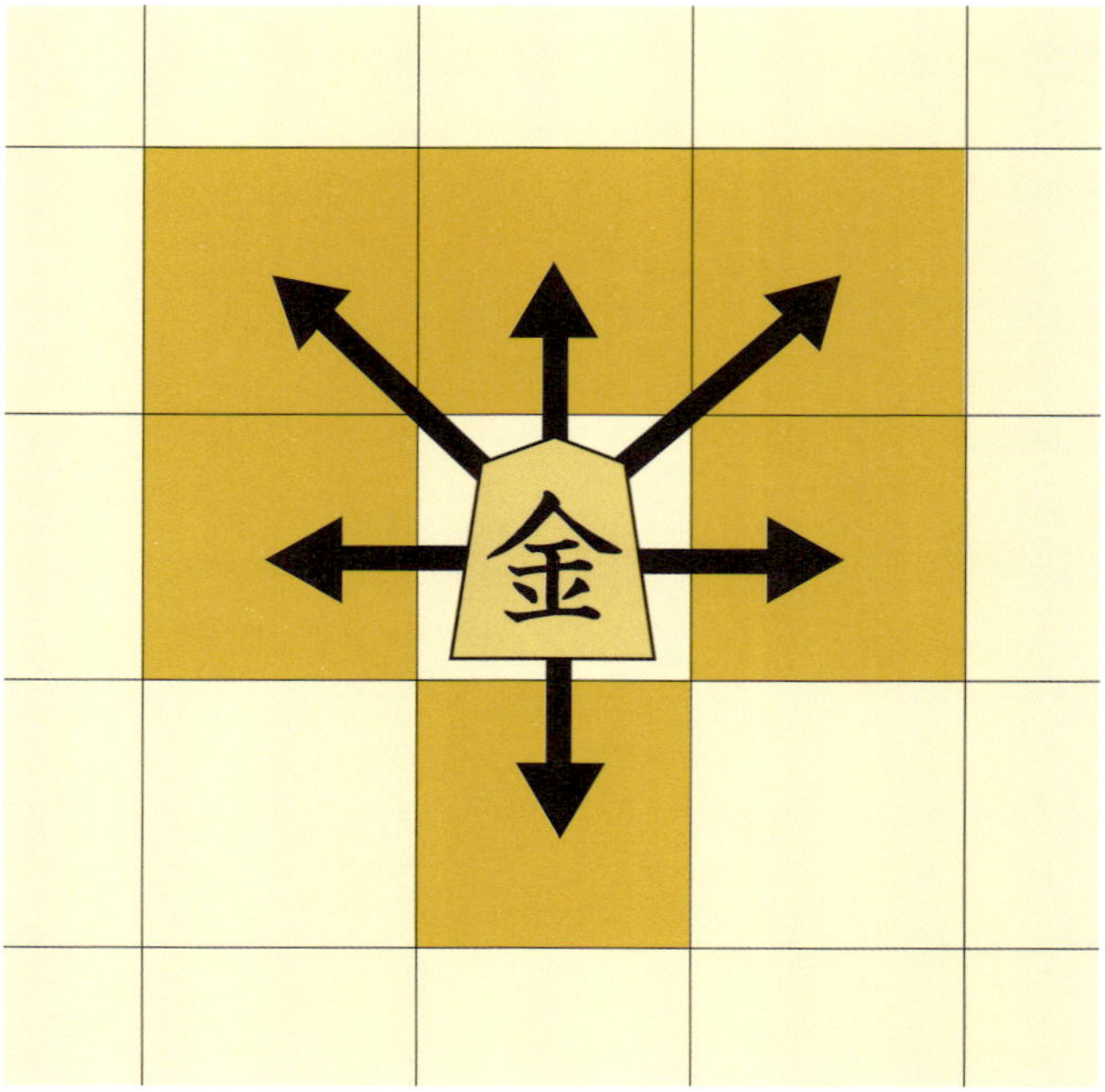

金《きん》の進《すす》めるところは6か所《しょ》。まわりの多《おお》くをカバーしています。

同《どう》しやすいので、しっかりおぼえてください。

動《うご》ける範囲《はんい》が広《ひろ》いので、金《きん》は王《おう》さまのそばで相《あい》手《て》の攻撃《こうげき》を防《ふせ》ぐ役目《やくめ》をします。前《まえ》からの攻《せ》め、横《よこ》からの攻《せ》めと、どれも金《きん》ならきっちりと受《う》け、王さまを守《まも》れます。

攻撃《こうげき》する戦士《せんし》役《やく》の銀《ぎん》にたいして、しっかり守備役をつとめるのが金《きん》です。

金《きん》と銀《ぎん》の２種《しゅ》類《るい》の駒《こま》をうまく使《つか》いわけるのが、将棋《しょうぎ》の大切《たいせつ》なポイントでしょう。

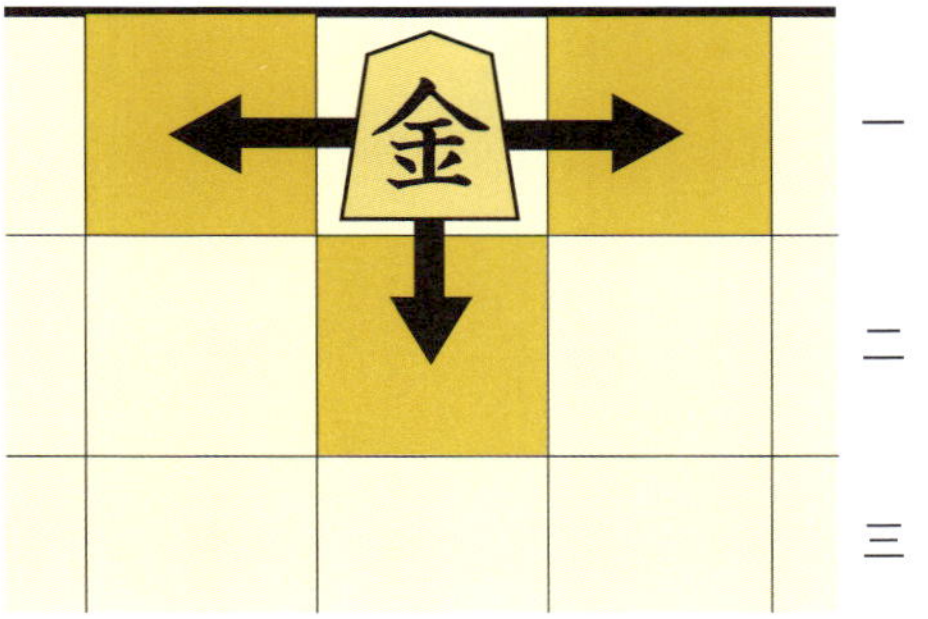

相手《あいて》の陣地《じんち》のいちばん上《うえ》だと、ななめうしろに金《きん》の力《ちから》がききません。金《きん》は場所《ばしょ》によって、力《ちから》の範囲《はんい》が変《か》わってきます。

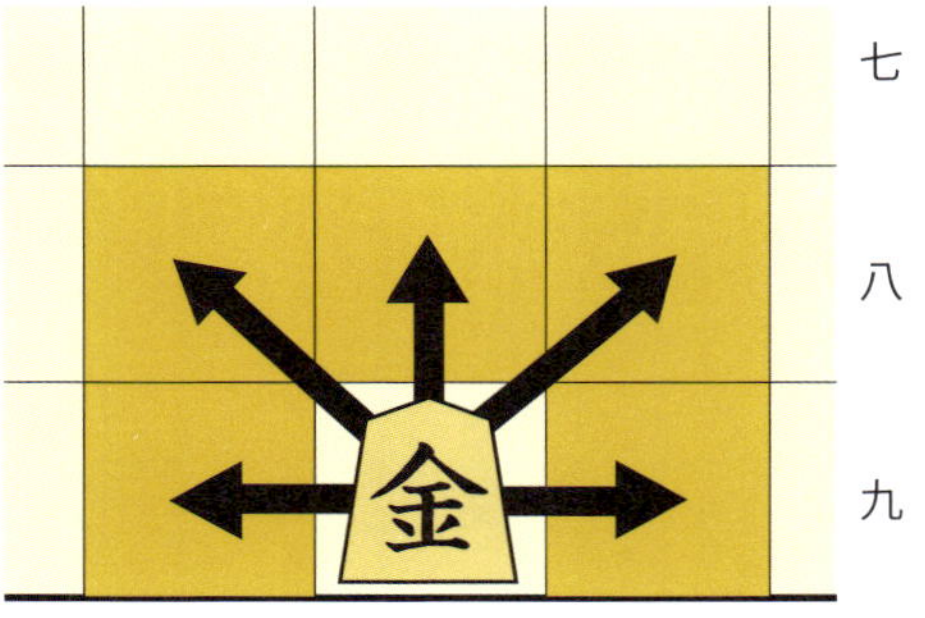

自分《じぶん》の陣地《じんち》のいちばん下《した》の段《だん》では、まわり全部《ぜんぶ》を守《まも》って金《きん》が力《ちから》を発揮《はっき》します。

角行《かくぎょう》の動《うご》きかた

「角行《かくぎょう》」はふつう「角《かく》」と省略《しょうりゃく》して呼《よ》ばれます。この本《ほん》でも、以降《いこう》は「角《かく》」としていきます。角《かく》は相手《あいて》も自分《じぶん》も1枚《まい》ずつ。自分側《じぶんがわ》は8八、相《あい》手側《てがわ》は2二のマスにあります（13ページ図《ず》を参照《さんしょう》）。

ダイナミックな動《うご》きが、なんといってもこの駒《こま》の武器《ぶき》。将棋盤《しょうぎばん》のはしからはしまで、グイーンと**ななめに何《なん》マスでも進《すす》めます。**

ただし、自分《じぶん》の駒《こま》があるときは、そのうしろまでストップ。飛《と》びこえて進《すす》むことはできません。桂《けい》以外《いがい》は、どの駒《こま》でもそうですね。

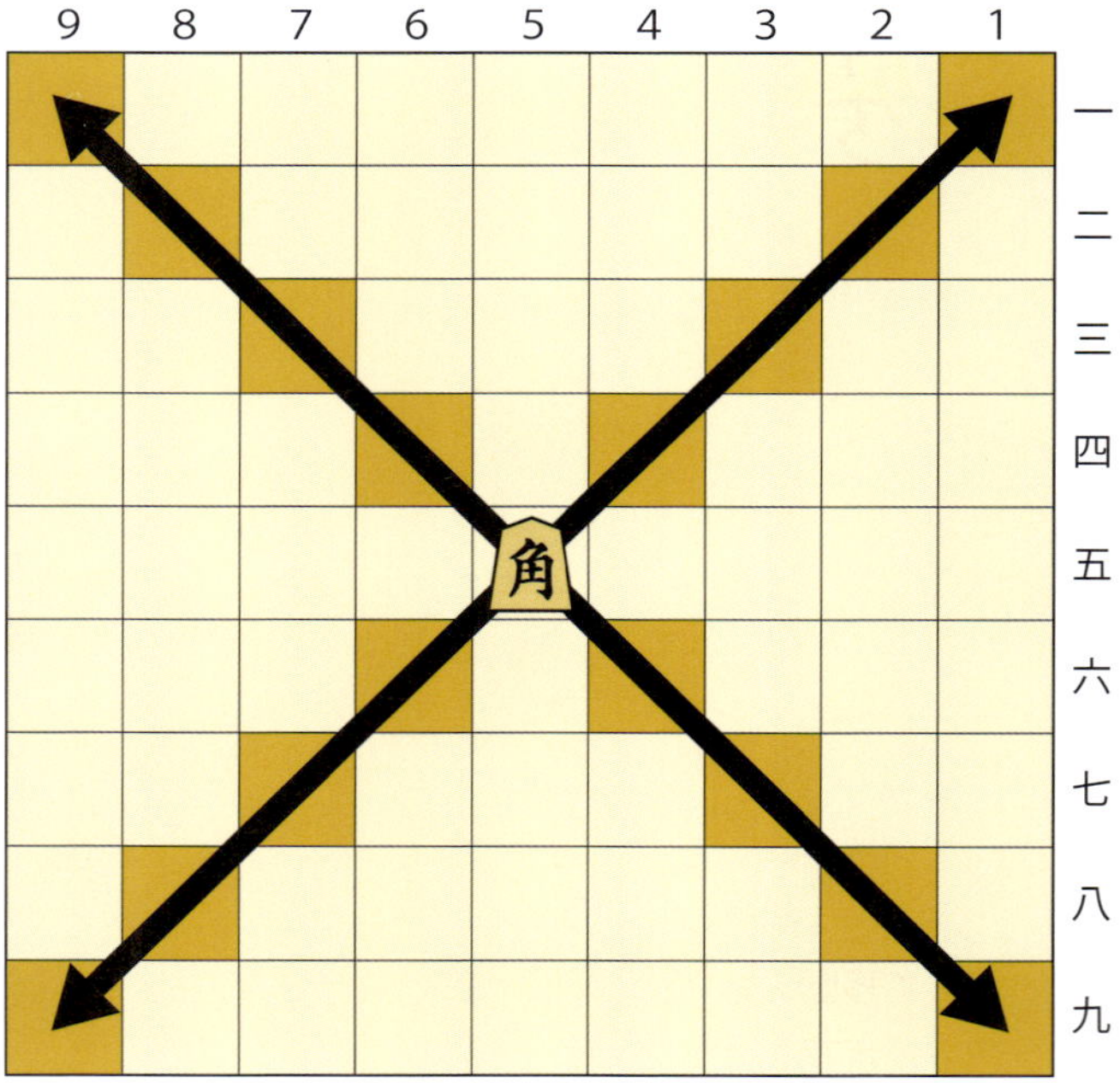

角《かく》はななめにどこまでも進《すす》める強力《きょうりょく》な駒《こま》。飛車《ひしゃ》とともに、攻《せ》めと守《まも》りの中心的《ちゅうしんてき》な駒《こま》です。

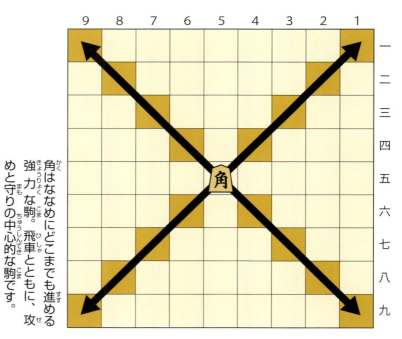

なれないうちは、角《かく》が進《すす》めるななめの筋《すじ》を、ずらしてしまうことがよくあります。しっかり盤面《ばんめん》を見《み》てまちがえないように。最初《さいしょ》は指《ゆび》でたどって、確認《かくにん》するのもいいでしょう。

駒《こま》のなかでも威力《いりょく》があるので「大駒《おおごま》」と呼《よ》ばれ、飛車《ひしゃ》と同《おな》じく攻《せ》めの中心《ちゅうしん》になる駒《こま》です。大切《たいせつ》に。といっても大事《だいじ》にしすぎて、１マス進《すす》んで、１マスさがってというようなことをしては、角《かく》の力《ちから》を生《い》かすことはできません。バツグンのパワーを生《い》かし、**大《おお》きく動《うご》かすこと**を考《かんが》えましょう。

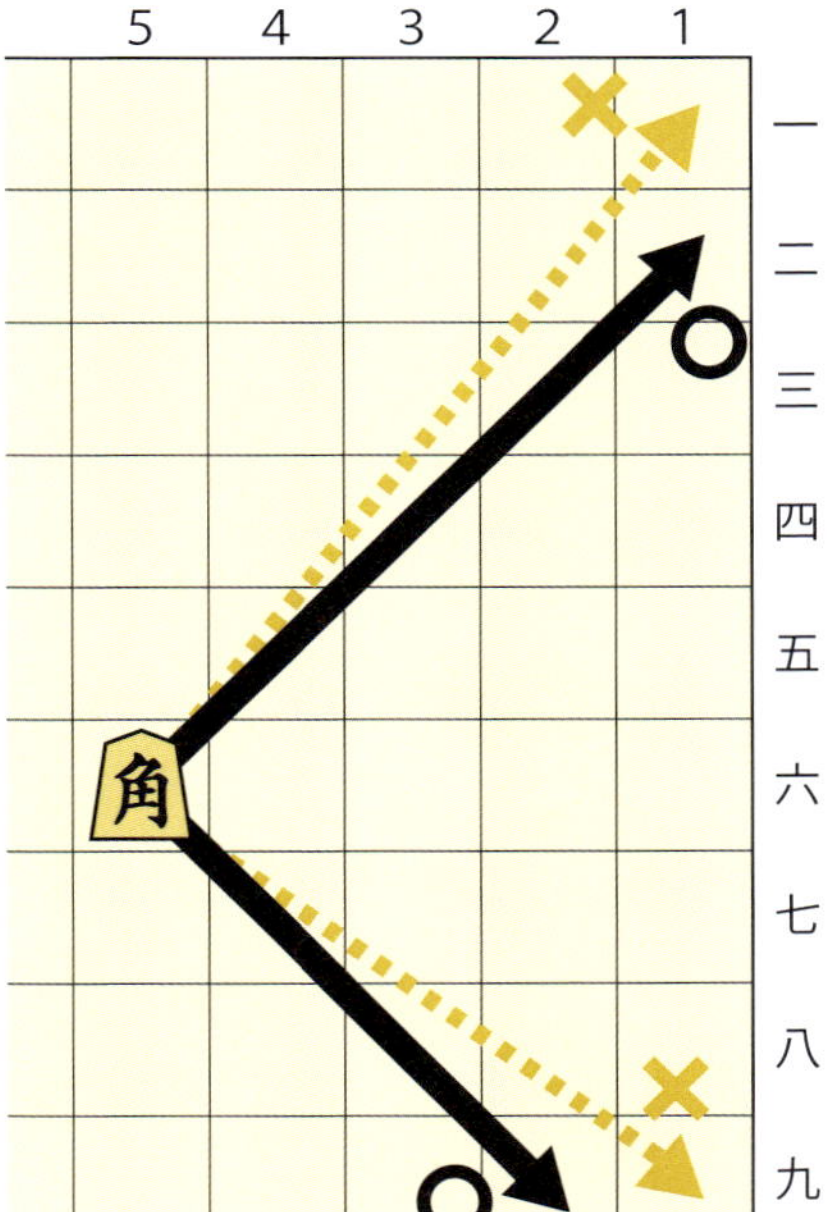

黒《くろ》い線《せん》が角《かく》の正《ただ》しい道筋《みちすじ》ですが、黄色《きいろ》い点線《てんせん》のように１マスずらして移動《いどう》してしまうことがよくあります。注意《ちゅうい》して。

飛車《ひしゃ》の動《うご》きかた

「飛車《ひしゃ》」は正式《せいしき》な名前《なまえ》で、略《りゃく》すと「飛《ひ》」になります。ただ、飛《ひ》は言《い》いにくいので、この本《ほん》では、文《ぶん》章中《しょうちゅう》では「飛車《ひしゃ》」で統一《とういつ》しました。ただし図面《ずめん》では、1字《じ》の「飛《ひ》」にしてあります。

飛車《ひしゃ》は、相手《あいて》も自分《じぶん》もそれぞれ1枚《まい》ずつ。場所《ばしょ》は、自分側《じぶんがわ》は2八、相手側《あいてがわ》は8二のマスのところにあります。左《ひだり》の角《かく》、右《みぎ》の飛車《ひしゃ》という左右対称《さゆうたいしょう》の位置《いち》ですよ（13ページ図《ず》を参照《さんしょう》）。

角《かく》とならんで飛車《ひしゃ》は「大駒《おおごま》」と呼《よ》ばれる強力《きょうりょく》な駒《こま》。駒《こま》のなかでも、王さまをのぞいていちばん

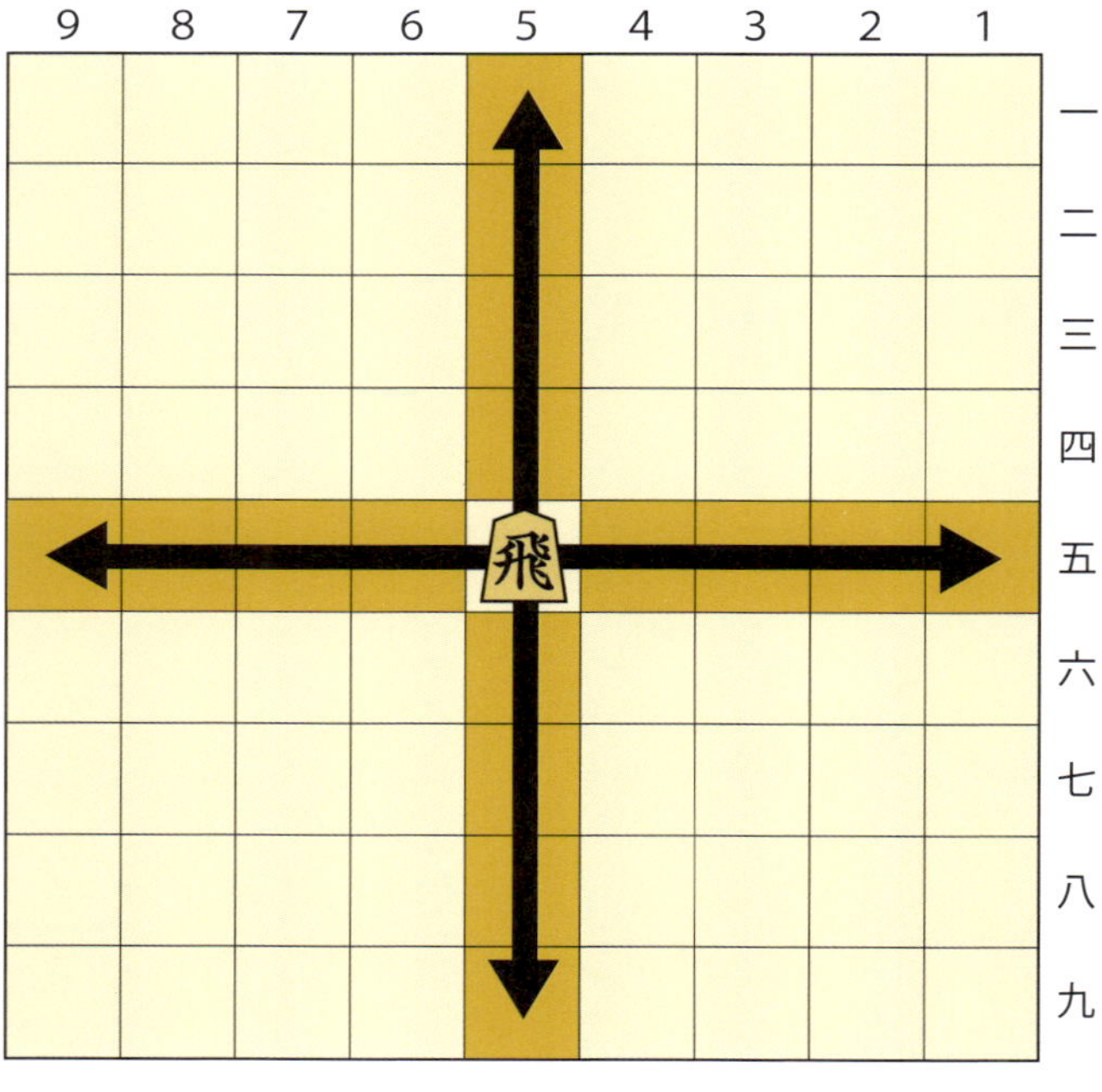

飛車《ひしゃ》は縦《たて》と横《よこ》に、どこまでも進《すす》める
いちばん強《つよ》い駒《こま》。攻《せ》めにはもちろん、
守《まも》りにもすぐれた総大将《そうだいしょう》です。

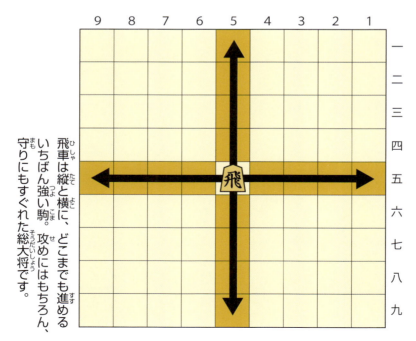

価値《かち》が高《たか》く、攻《せ》めの主役《しゅやく》となります。

すごいのはその動《うご》き。**縦《たて》と横《よこ》に、どこまでも進《すす》むことができる**のです。ただし、自分《じぶん》の駒《こま》があれば、ほかの駒《こま》と同《おな》じように、飛《と》びこえたりはできません。自分《じぶん》の駒《こま》のうしろまでです。

あっというまにはなれた場所《ばしょ》まで移動《いどう》して戦《たたか》い、自陣《じじん》があぶないと見《み》ると、またあっというまにもどってきてしっかり守《まも》ってくれます。**攻《せ》めはもちろん、守《まも》りにもすぐれた、**いちばんたよりになる将棋戦隊《しょうぎせんたい》の隊長《たいちょう》です。

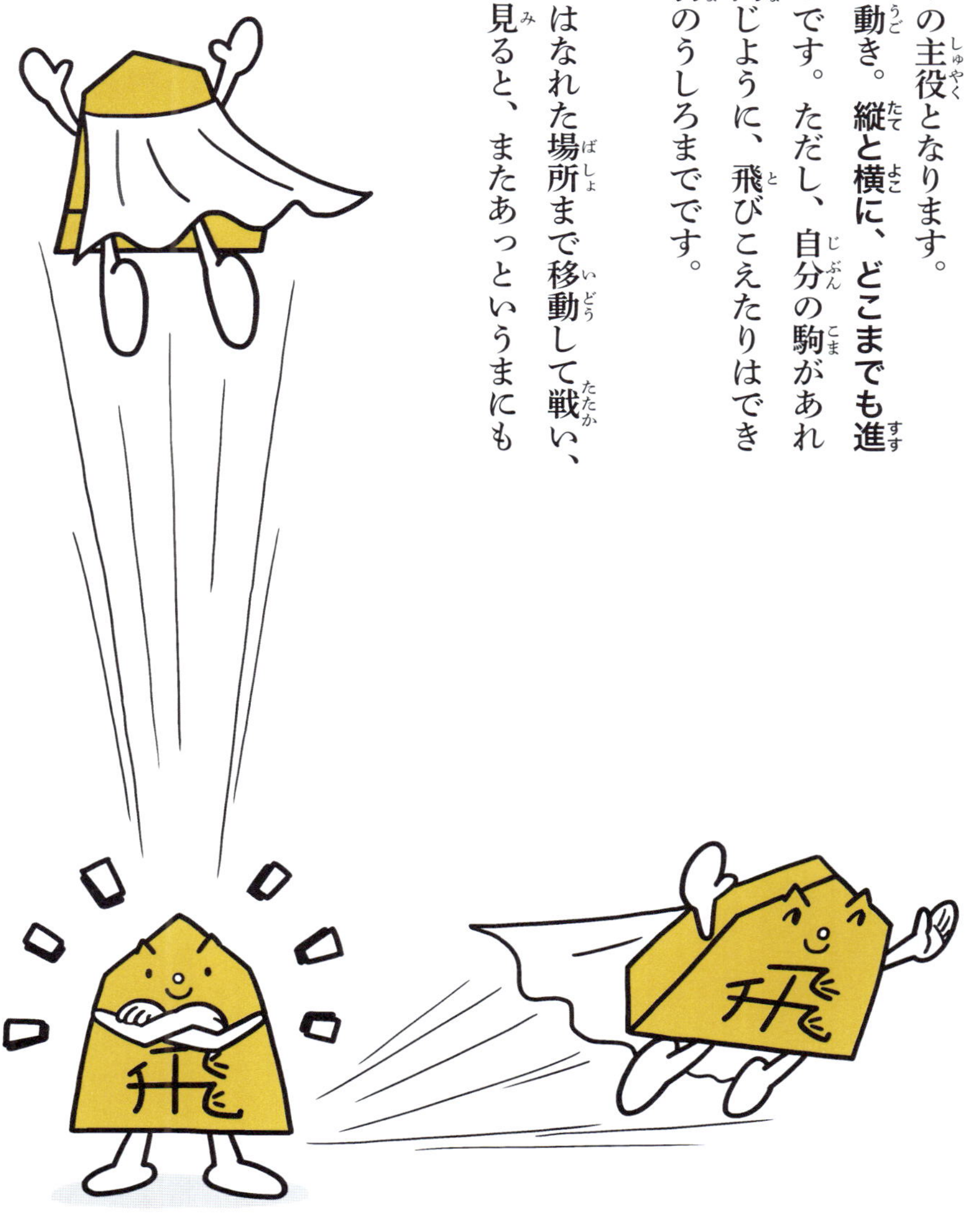

玉将《ぎょくしょう》（王将《おうしょう》）の動《うご》きかた

いよいよ登場《とうじょう》した最重要《さいじゅうよう》の駒《こま》！「玉将《ぎょくしょう》」または「王将《おうしょう》」です。ふつうは略《りゃく》して「玉《ぎょく》」あるいは「王《おう》」と呼《よ》びます。この本《ほん》では、文章《ぶんしょう》や詰《つ》みの図《ず》、詰《つ》め将棋問題《しょうぎもんだい》では「玉《ぎょく》」としました。

たいていの駒《こま》セットには、玉《ぎょく》と王《おう》が1枚《まい》ずつ入《はい》っていますが、駒《こま》の価値《かち》はどちらも同《おな》じです。プロの対局《たいきょく》では、上位《じょうい》の棋士《きし》が王《おう》を使《つか》い、下位《かい》の棋士《きし》が玉《ぎょく》を使《つか》っています。

将棋《しょうぎ》の勝敗《しょうはい》を決《き》める大切《たいせつ》な駒《こま》で、相手《あいて》の玉《ぎょく》を取《と》ったら勝《か》ちですし、逆《ぎゃく》にこちらが取《と》られたら、負《ま》

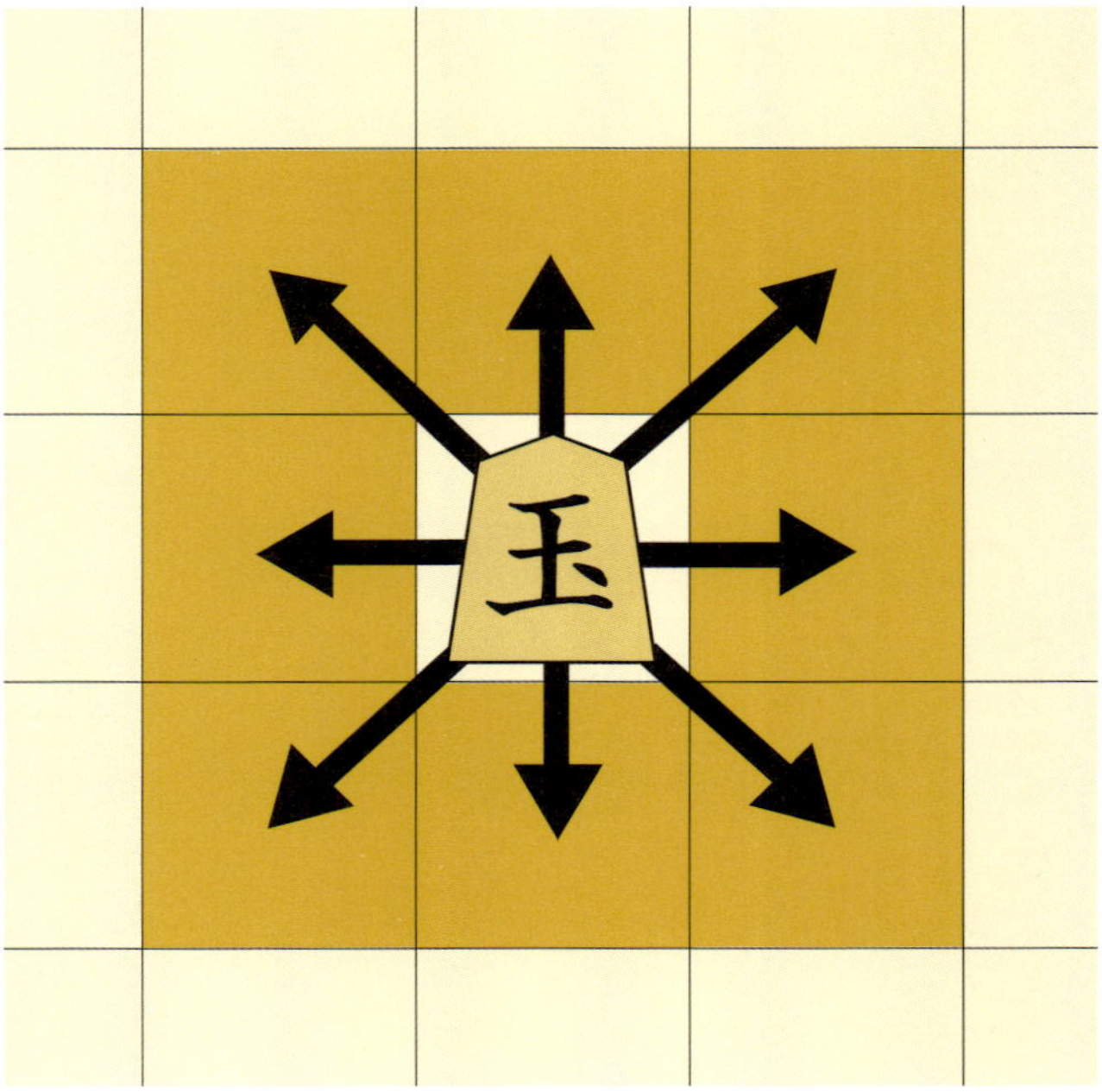

玉《ぎょく》は1マスずつですが、前後左右《ぜんごさゆう》、ななめとどこにでも動《うご》くことができます。玉《ぎょく》を取《と》られたら負《ま》けですから、いちばん大切《たいせつ》な駒《こま》です。

けになります。

駒《こま》の王《おう》さま、いちばんえらい駒《こま》ですから、ゆったりかまえて、ほかの駒《こま》のように突撃《とつげき》していったりすることはありません。

そのかわり敵《てき》がやってきたら受《う》けられるよう、またすぐ逃《に》げられるよう、動《うご》きは前後《ぜんご》、左右《さゆう》、ななめと、全方向《ぜんほうこう》どこへでも行《い》けます。進《すす》めるのは1マスずつです。

駒《こま》に点数《てんすう》をつければ…

駒《こま》がパワーアップ! 「成《な》る」ということ

将棋盤《しょうぎばん》は、自分側手前《じぶんがわてまえ》3列《れつ》を「自陣《じじん》」、相手側《あいてがわ》3列《れつ》を「相手陣《あいてじん》」といいます。

将棋《しょうぎ》では、自分《じぶん》の駒《こま》が「相手陣《あいてじん》」に入《はい》ると、駒《こま》を裏《うら》がえして、動《うご》ける範囲《はんい》を変《か》えることができるというルールがあります。これを「成《な》る」といいます。**相手陣《あいてじん》の3列《れつ》どこかに入《はい》れば成《な》れます。**

戦隊《せんたい》ヒーローが、いざというとき変身《へんしん》して強《つよ》くなれるように、将棋《しょうぎ》の駒《こま》も変身《へんしん》するわけです。

相手陣《あいてじん》に入《はい》って成《な》るか、成《な》らないかは、自分《じぶん》の考《かんが》えしだい。成《な》らなくてもかまいません。とはい

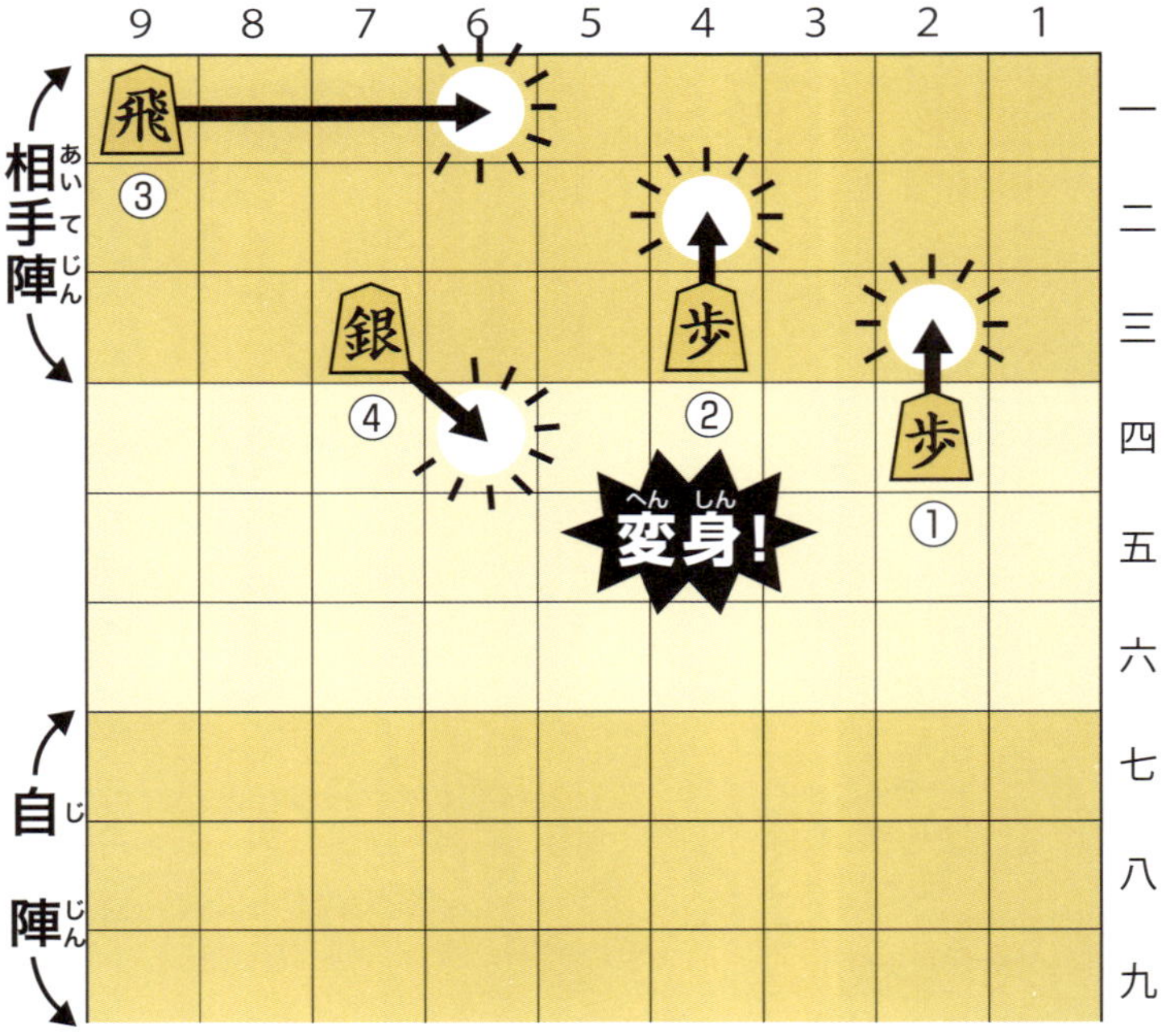

①相手陣《あいてじん》に入《はい》れば、成《な》ることができます。
②③相手陣《あいてじん》の中《なか》で、動《うご》いたとき成《な》ることができます。
④相手陣《あいてじん》にいて、相手陣《あいてじん》から出《で》たときも成《な》れます。

っても、成《な》ったほうがたいてい得《とく》です。初心者《しょしんしゃ》は、成《な》るのがぜったいオススメですよ。

成《な》らないまま相手陣《あいてじん》に入り、何度《なんど》か動《うご》いて、そのあと成《な》ることも可能《かのう》です。また、相手陣《あいてじん》から出《で》たときも、そのときだけは成《な》れます。

ただし成《な》ったら、もとにもどることはできません。成《な》ったままで最後《さいご》まで戦《たたか》います。でも取《と》られると、もとの駒《こま》にもどります。

成《な》れるのは、飛車《ひしゃ》、角《かく》、銀《ぎん》、桂《けい》、香《きょう》、歩《ふ》の6種《しゅ》類《るい》の駒《こま》。金《きん》と玉《ぎょく》は成《な》るということはありません。駒《こま》を裏《うら》がえしても、なにも書《か》いてありませんよ。

成《な》れる駒《こま》のことは、つぎのページから順《じゅん》に説明《せつめい》していきます。将棋《しょうぎ》を指《さ》すうえで「成《な》る」ということは、ひじょうに大切《たいせつ》なので、しっかりおぼえていきましょう。

歩《ふ》・香《きょう》・桂《けい》・銀《ぎん》は、「と金《きん》」「成香《なりきょう》」「成桂《なりけい》」「成銀《なりぎん》」に

相手陣《あいてじん》に自分《じぶん》の駒《こま》が入《はい》ると、裏《うら》がえして成《な》ることができる、といいましたね。

歩《ふ》は、駒《こま》を裏《うら》がえすと「と」と書《か》いてあり、**成《な》ると「と金《きん》」**といいます。

と金《きん》の動《うご》きは、金《きん》と同《おな》じ。前《まえ》3か所《しょ》、左右《さゆう》、まうしろに移動《いどう》できます。前《まえ》しか動《うご》けなかった歩《ふ》が、6か所《しょ》に動《うご》けるのですから、すごい出世《しゅっせ》ですね。

香《きょう》が成《な》ると「成香《なりきょう》」。これも、と金《きん》と同《おな》じように金《きん》の動《うご》きになります。

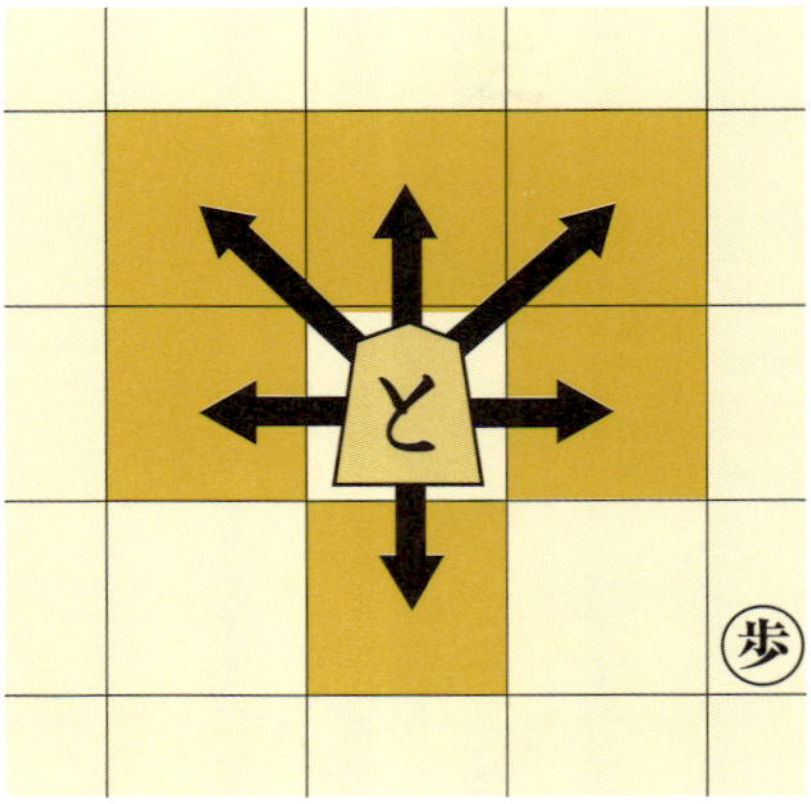

↑歩《ふ》は、成《な》ると「と金《きん》」になります。動《うご》きは金《きん》と同《おな》じです。

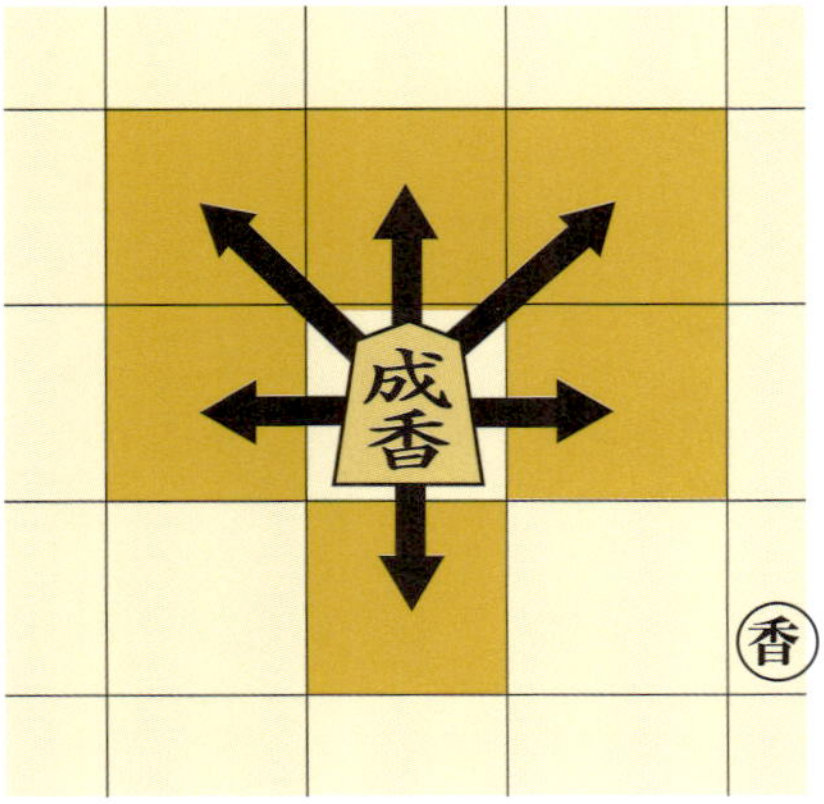

←香《きょう》は、成《な》ると「成香《なりきょう》」。やはり金《きん》と同《おな》じ動《うご》きになります。

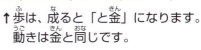

一直線《いっちょくせん》に進《すす》む香《きょう》が成香《なりきょう》になると、やはり金《きん》の動《うご》きに。どっしりと安定《あんてい》した力《ちから》になります。

桂《けい》が成《な》ると「成桂《なりけい》」。これも金《きん》の動《うご》きです。

桂《けい》は、ほかの駒《こま》を飛《と》びこえて進《すす》めました。いっぽう成桂《なりけい》になると、スピードは落《お》ちますが、攻撃《こうげき》と守備《しゅび》の両方《りょうほう》に力《ちから》を発揮《はっき》するようになります。

銀《ぎん》も「成銀《なりぎん》」といって、金《きん》の動《うご》きに変《か》わります。

銀《ぎん》は、金《きん》とほぼ同《おな》じぐらいの実力《じつりょく》でしたが、成《なり》銀《ぎん》になれば動《うご》ける範囲《はんい》が多《おお》くなるので、強《つよ》くなります。

香《きょう》、桂《けい》、銀《ぎん》の裏《うら》の字《じ》は、読《よ》めないこともありますが、**成《な》ると全部《ぜんぶ》「金《きん》」の動《うご》きに**変《か》わります。おぼえやすいですね。

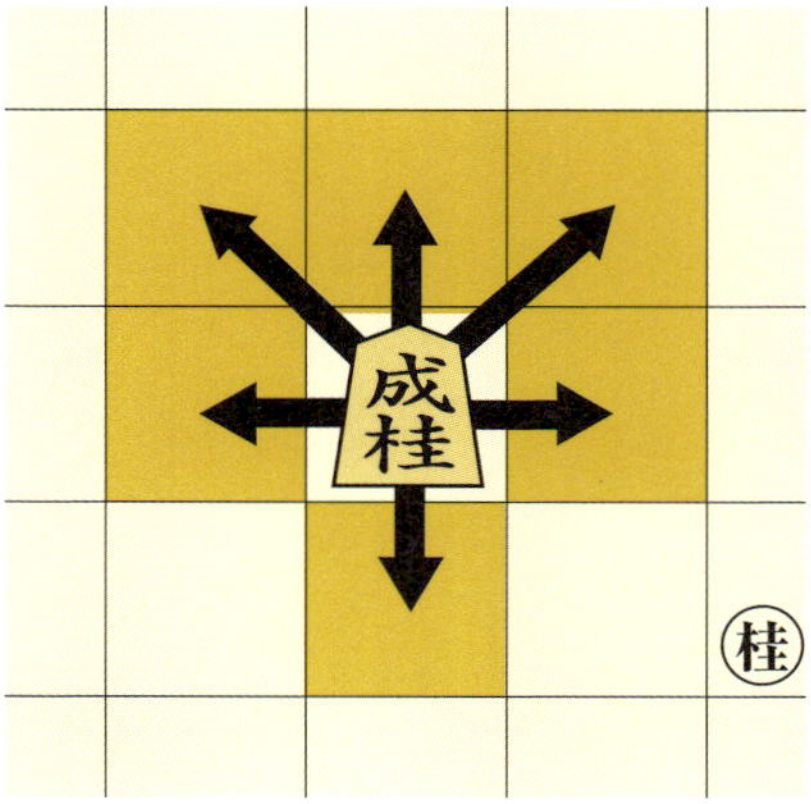

↑桂《けい》は、成《な》ると「成桂《なりけい》」。
動《うご》きは金《きん》と同《おな》じです。

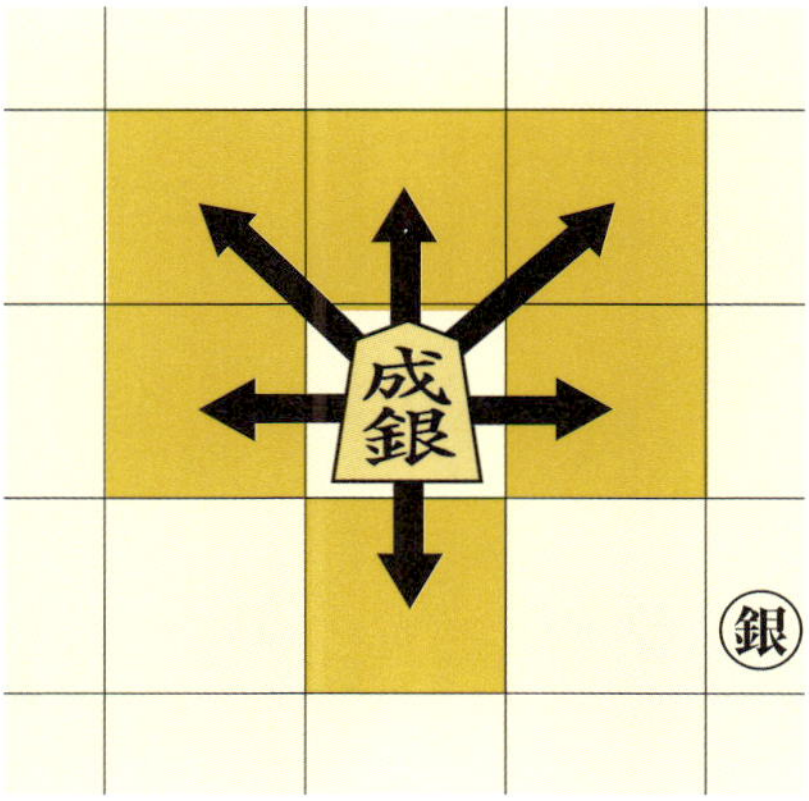

←銀《ぎん》は、成《な》ると「成銀《なりぎん》」。
やはり金《きん》と同《おな》じ動《うご》きになります。

角《かく》が成《な》ると「竜馬《りゅうま》（馬《うま》）」に

角《かく》が相手陣《あいてじん》に入《はい》って成《な》ると、駒《こま》が裏《うら》がえって、**「竜馬《りゅうま》」になります。**「龍馬《りゅうま》」と書《か》いてある駒《こま》もありますが、「竜馬《りゅうま》」と変わりありません。竜馬《りゅうま》はふつう「馬《うま》」と省略《しょうりゃく》して呼《よ》ばれます。この本《ほん》でも、このあと「馬《うま》」としています。馬《うま》を桂馬《けいま》だとまちがえる人《ひと》がいますが、この2つはまったく別《べつ》もの。気《き》をつけてくださいね。

角《かく》は、盤《ばん》のはしからはしまで、ななめに大《おお》きく動《うご》けるという、すごいパワーの大駒《おおごま》でした。この角《かく》が成《な》って馬《うま》に変身《へんしん》すると、**角《かく》の動《うご》きにプ**

馬《うま》になると、角《かく》のもともとの動《うご》きであるどこまでもななめに進《すす》めることにくわえて、上下左右《じょうげさゆう》に1マスずつ動《うご》くこともできるようになります。

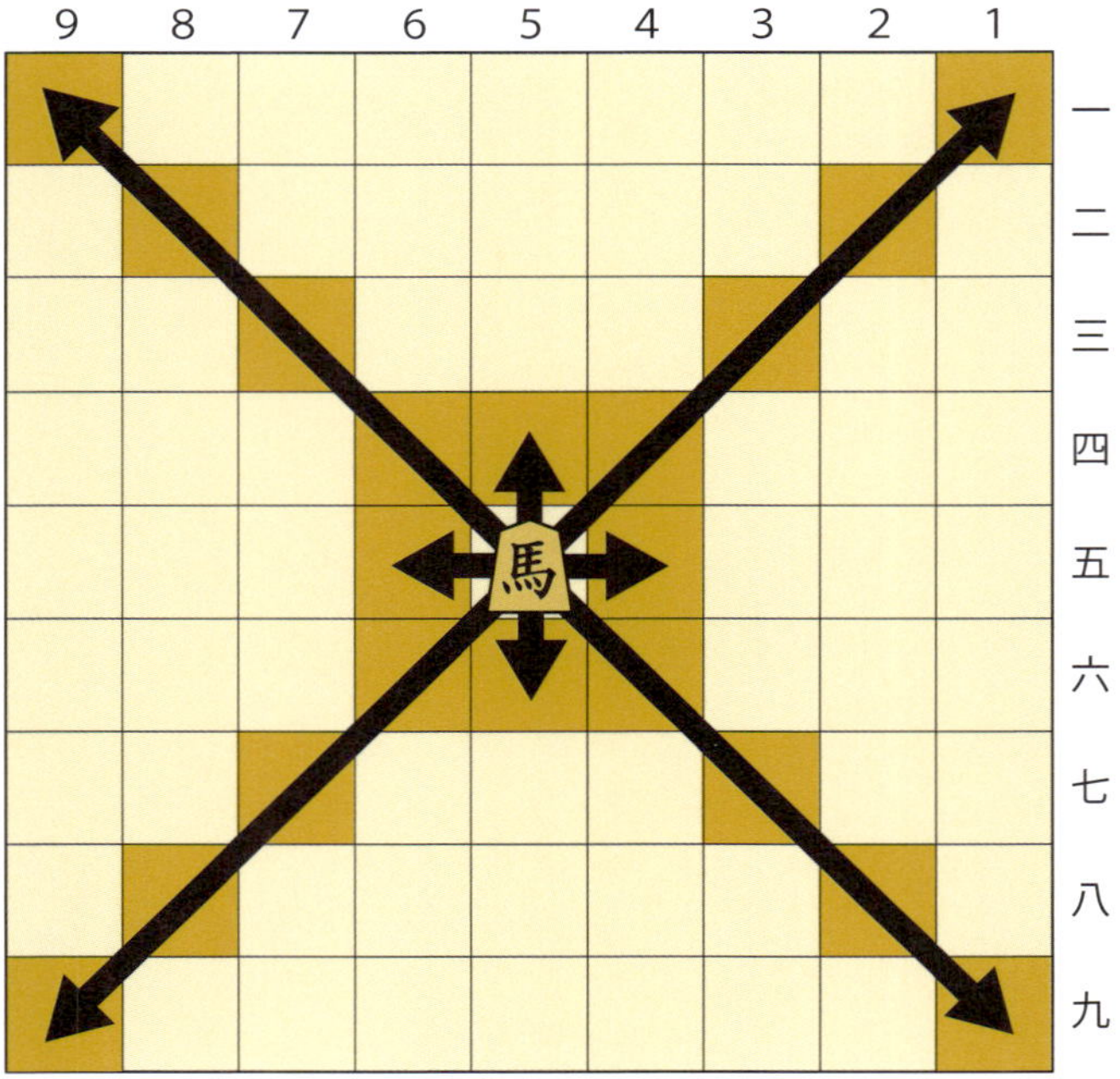

ラスして、**駒《こま》の上下左右《じょうげさゆう》に1マスずつ動《うご》ける**ようになります。こうなれば、馬《うま》は全方向《ぜんほうこう》に目《め》をくばることができます。

角《かく》のときは、敵《てき》がま正面《しょうめん》や、ま横《よこ》から来《き》た場合《ばあい》は、立《た》ちむかうのが苦手《にがて》でしたが、馬《うま》になればそうした敵《てき》にもすばやく対応《たいおう》ができるわけです。

古《ふる》くから将棋《しょうぎ》の世界《せかい》には、「馬《うま》は自陣《じじん》に引《ひ》け」ということばがあります。馬《うま》は、相手《あいて》がたに出《で》かけてもいいけれど、防御《ぼうぎょ》にすぐれているので、自《じ》分《ぶん》の陣地《じんち》で玉《ぎょく》を守《まも》り、敵《てき》の攻撃《こうげき》をがっちり受《う》けて立《た》つこともできるという意味《いみ》です。

自陣《じじん》の守《まも》りにすばらしい力《ちから》を発揮《はっき》すると同時《どうじ》に、いざとなったら相手陣《あいてじん》に大《おお》きなダメージをあたえることもできるという、じつにたよりになる駒《こま》、それが馬《うま》です。

飛車《ひしゃ》が成《な》ると「竜王《りゅうおう》（竜《りゅう》）」に

飛車《ひしゃ》は、盤《ばん》のはしからはしまで縦《たて》と横《よこ》に動《うご》ける、大駒《おおごま》です。

この飛車《ひしゃ》が相手陣《あいてじん》に入《はい》って成《な》ると、「竜王《りゅうおう》」になります。

駒《こま》によっては「龍王《りゅうおう》」と書《か》かれていることもありますが、竜《りゅう》と龍《りゅう》、どちらも同《おな》じです。竜《りゅう》でも龍《りゅう》でも、名前《なまえ》からその強《つよ》さがわかりますね。竜王《りゅうおう》は「竜《りゅう》」と略《りゃく》されるのが一般的《いっぱんてき》。この本《ほん》でも、以後《いご》は「竜《りゅう》」で統一《とういつ》していきます。

大駒《おおごま》の飛車《ひしゃ》は、縦《たて》と横《よこ》には大《おお》きく動《うご》けますが、

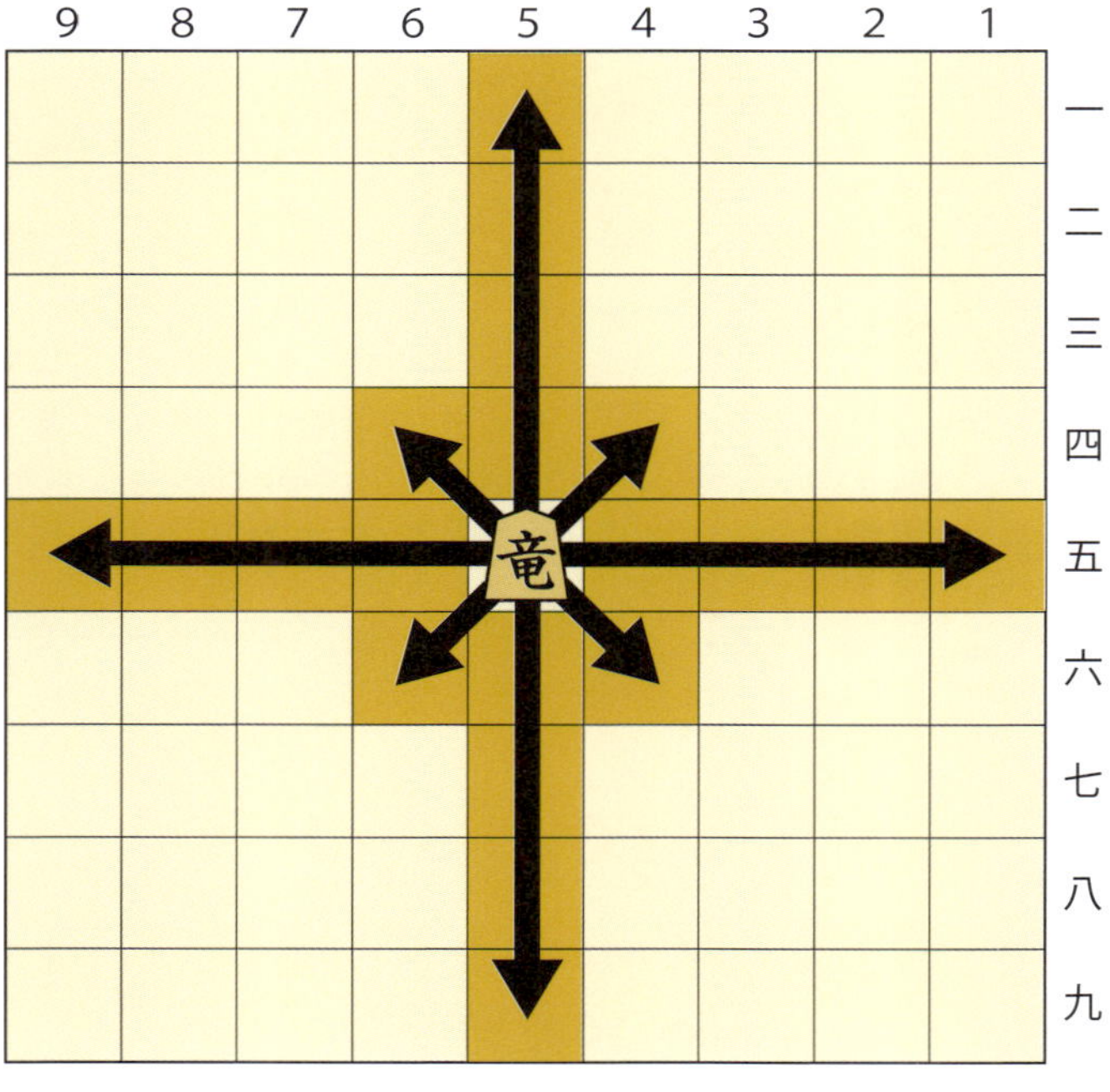

竜《りゅう》になると、縦横《たてよこ》に進《すす》める飛車《ひしゃ》のもともとの動《うご》きにくわえて、なな め前《まえ》、ななめうしろに1マスずつ動《うご》けるようになります。

ななめに進《すす》むことはできませんでした。けれども竜《りゅう》になると、この飛車《ひしゃ》の動《うご》きにくわえて、ななめ前《まえ》の2か所《しょ》、ななめうしろの2か所《しょ》、いずれも1マスずつ動《うご》けるようになります。

これで竜《りゅう》は、強力無比《きょうりょくむひ》の力《ちから》を手《て》に入《い》れたというわけです。

「馬《うま》」のページ（36〜37ページ）で、「馬《うま》は自陣《じじん》に引《ひ》け」ということばを紹介《しょうかい》しましたが、これにたいして、「竜《りゅう》は敵陣《てきじん》に」という有名《ゆうめい》な将棋《しょうぎ》の格言《かくげん》もあります。

角《かく》が成《な》った馬《うま》が、守備《しゅび》の役割《やくわり》が比較的《ひかくてき》大《おお》きいのにたいして、竜《りゅう》のほうは大胆《だいたん》な動《うご》きとバツグンの破壊力《はかいりょく》を持《も》つ、攻撃《こうげき》のリーダー役《やく》です。文字《もじ》どおり竜《りゅう》のような強《つよ》さで相手《あいて》をおびやかす、最強《さいきょう》の駒《こま》になるのです。

取《と》った駒《こま》を使《つか》う

将棋《しょうぎ》には、ほかのボードゲームにはないルールがあります。それは、取《と》った相手《あいて》の駒《こま》を、自分《じぶん》の駒《こま》として使《つか》えるというものです。

自分《じぶん》のものにした相手《あいて》の駒《こま》を「**持《も》ち駒《ごま》**」**といい、対局中《たいきょくちゅう》いつでも、どこへでも使《つか》う**（「打《う》つ」といいます）**ことができます。**ただし打《う》てるのは、あいているところだけです。

持《も》ち駒《ごま》は、対局中《たいきょくちゅう》は相手《あいて》によく見《み》えるところにおかなければいけません。

プロ棋士《きし》はりっぱな駒台《こまだい》に持《も》ち駒《ごま》をのせておきますが、駒台《こまだい》がなければ、盤《ばん》のわきに見《み》やすくな

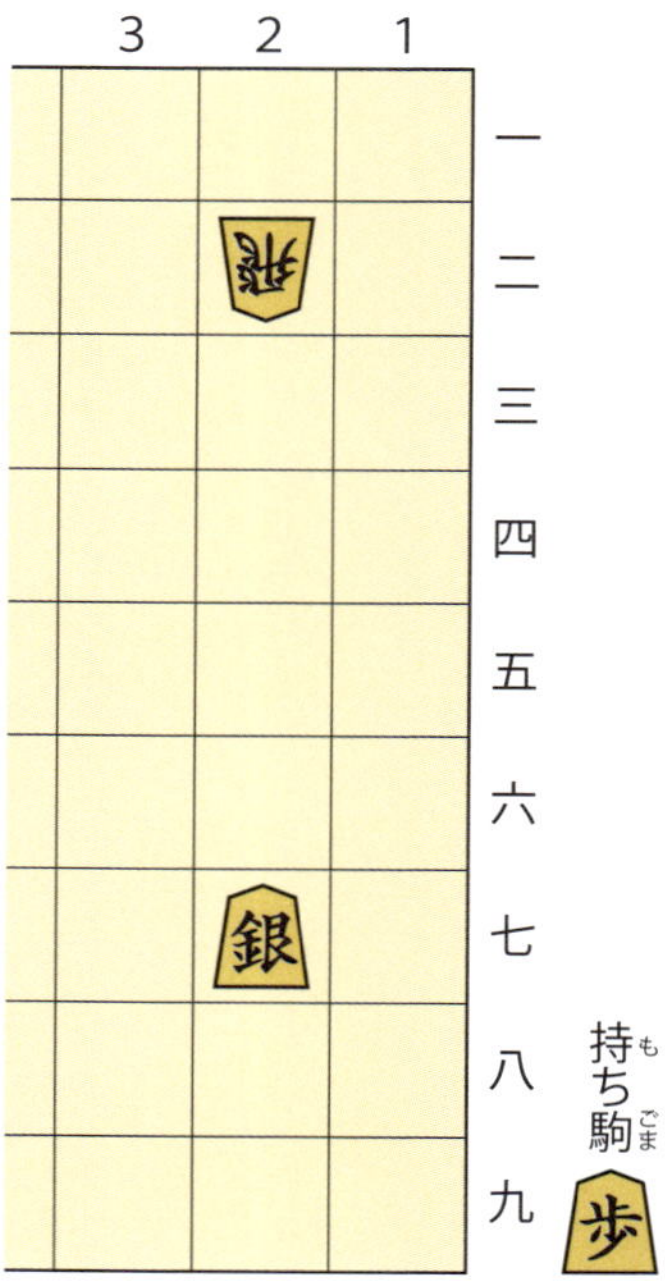

右《みぎ》の図《ず》を見《み》てください。相手《あいて》の飛車《ひしゃ》が自分《じぶん》の銀《ぎん》を取《と》ろうとしています。どう防《ふせ》いだらいいでしょう?

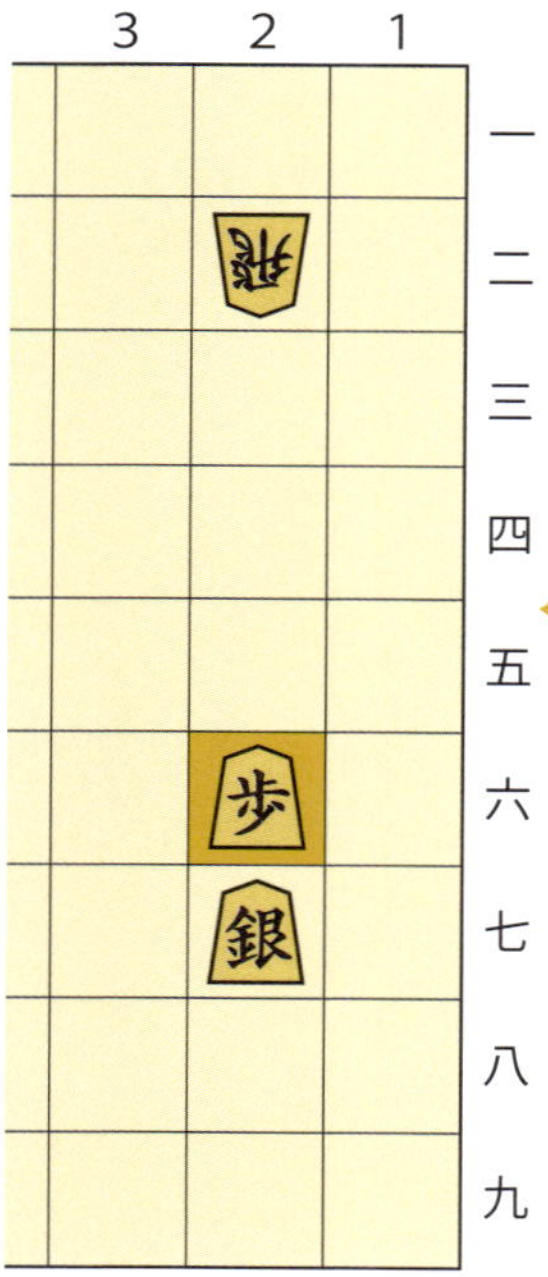

取《と》った歩《ふ》を持《も》っているので、こんなときには銀《ぎん》の前《まえ》に歩《ふ》を打《う》てば、銀《ぎん》を取《と》られずにすみます。

らべておきましょう。よく手《て》に持《も》っている人《ひと》がいますが、それはダメですよ。

なお32ページで、相手陣《あいてじん》に入《はい》った駒《こま》は「成《な》る」ことができるといいましたね。では、相手陣《あいてじん》に持《も》ち駒《ごま》を打《う》つときは、どうなるのでしょうか?

たとえば、持《も》ち駒《ごま》の歩《ふ》を相手陣《あいてじん》に打《う》ったとき。**打《う》ったときは、歩《ふ》そのまま**です。そして、つぎに**歩《ふ》を動《うご》かしたときにはじめて、**歩《ふ》が「と金《きん》」に**成《な》れます。**

また、相手《あいて》の成《な》った駒《こま》を取《と》ったとき、持《も》ち駒《ごま》は成《な》る前《まえ》のもとの駒《こま》にもどります。もし、金《きん》の動《うご》きができる成香《なりきょう》を相手《あいて》から取《と》ったとしても、持《も》ち駒《ごま》になったときは、香《きょう》としてしか使《つか》えません。

少《すこ》しややこしいのですが、これらをしっかりおぼえておいてくださいね。

取《と》った駒《こま》はじょうずに使《つか》おう!

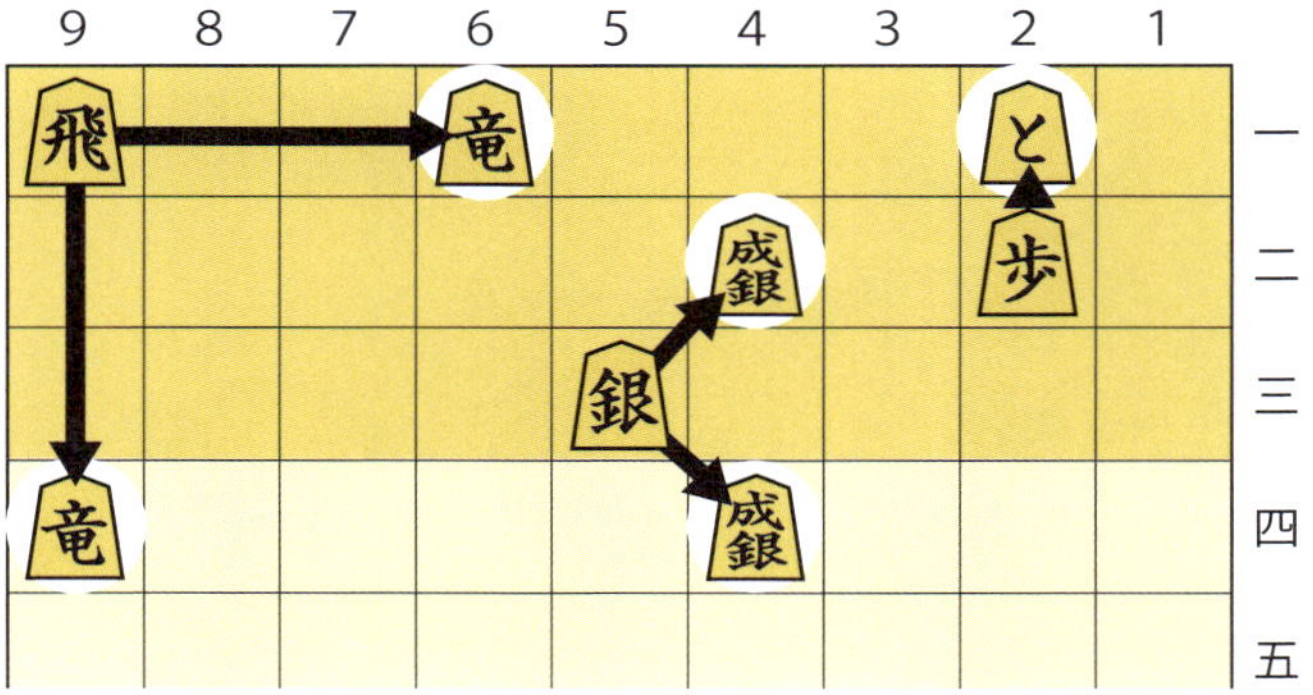

相手《あいて》の陣地《じんち》に駒《こま》を打《う》ったときは、そのままですが、次《つぎ》に動《うご》いたときには、それぞれ成《な》ることができます。

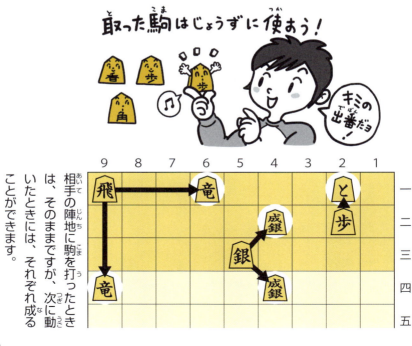

やってはいけない手《て》（禁《きん》じ手《て》）

これをやったらダメという、ルールで禁止《きんし》されていることがいくつかあります。これらは「禁《きん》じ手《て》」と呼《よ》ばれ、もしやってしまったら、即負《そくま》けになってしまうきびしい決《き》まりです。

行《い》きどころのない駒《こま》

下《した》の1図《ず》を見《み》てください。歩《ふ》、香《きょう》、桂《けい》は、この先《さき》どこにも進《すす》めませんね。

金《きん》や銀《ぎん》、飛車《ひしゃ》や角《かく》なら、一段目《だんめ》に行《い》っても、つぎに横《よこ》へ移動《いどう》したり、ななめやうしろにさがったりすることができますが、歩《ふ》、香《きょう》、桂《けい》の駒《こま》ではそれができません。

〈1図〉

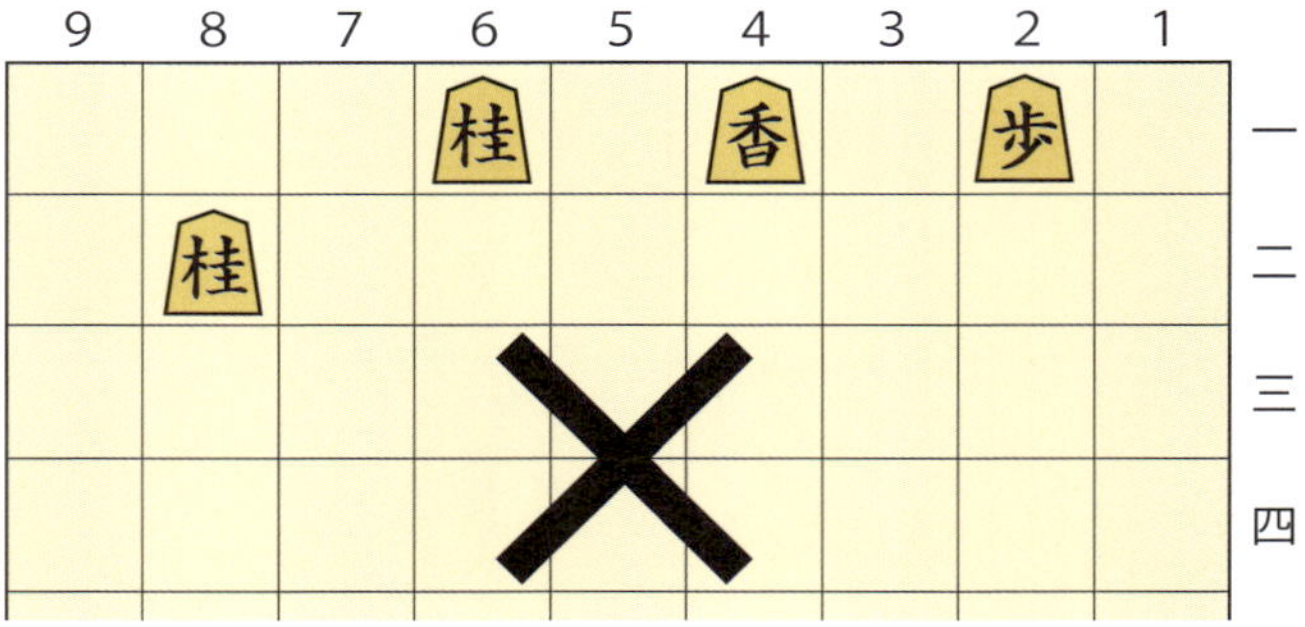

歩《ふ》、香《きょう》、桂《けい》は、相手陣《あいてじん》の一段目《いちだんめ》に成らないで進《すす》んだり、打つことはできません。桂《けい》は、二段目《にだんめ》も次《つぎ》に進《すす》めないのでダメです。

〈2図〉

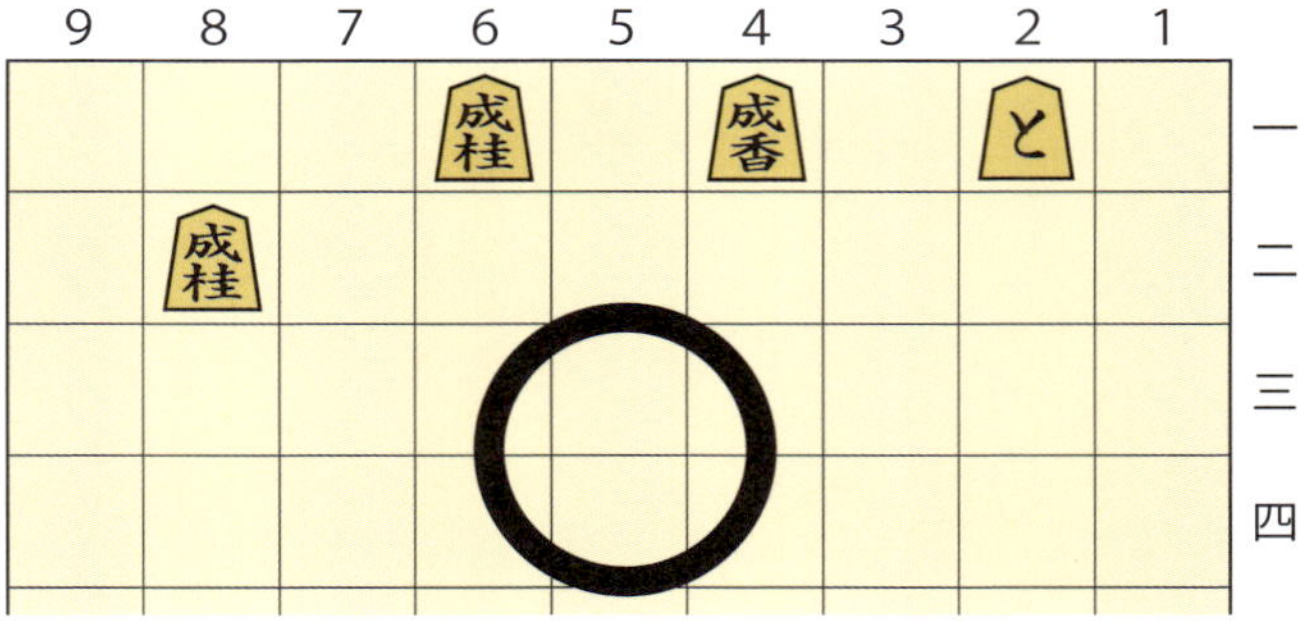

相手陣《あいてじん》の一段目《いちだんめ》に進《すす》むときは、歩《ふ》、香《きょう》、桂《けい》はかならず成《な》らなければいけません。桂《けい》は、二段目《にだんめ》のときも成《な》ります。

このような**盤**《ばん》の**行**《い》**きどまりの場所**《ばしょ》**まで進**《すす》**めたり、打**《う》**ったりする**行為《こうい》は禁止《きんし》です。これを防《ふせ》ぐには、歩《ふ》、香《きょう》、桂《けい》が行《い》きどころがない場所《ばしょ》まで来《き》たときに、2図《ず》のようにかならず成《な》ることです。

二歩《にふ》

同《おな》**じ縦**《たて》**の筋**《すじ》**に、自分**《じぶん》**の歩**《ふ》**を2枚**《まい》**おく**ことは禁《きん》じ手《て》になっています。ふつう縦《たて》の筋《すじ》には自分側《じぶんがわ》も相《あい》手側《てがわ》も、歩《ふ》が1枚《まい》ずつしかありません。

歩《ふ》は横《よこ》に移動《いどう》はできないので、自分側《じぶんがわ》の歩《ふ》が2枚《まい》ということは、対局中《たいきょくちゅう》にもう1枚《まい》、持《も》ち駒《ごま》の歩《ふ》を打《う》ったということになります。

二歩《にふ》は、プロでもうっかりやりがちなミスです。持《も》ち駒《ごま》の歩《ふ》を打《う》とうとするときは、その筋《すじ》に自分《じぶん》の歩《ふ》がないかどうかに気《き》をつけましょう。

なお、歩《ふ》が成《な》った「と金《きん》」は金《きん》なので、歩《ふ》と同《おな》じ筋《すじ》に何枚《なんまい》あってもOK《オーケー》。二歩《にふ》ではありません。

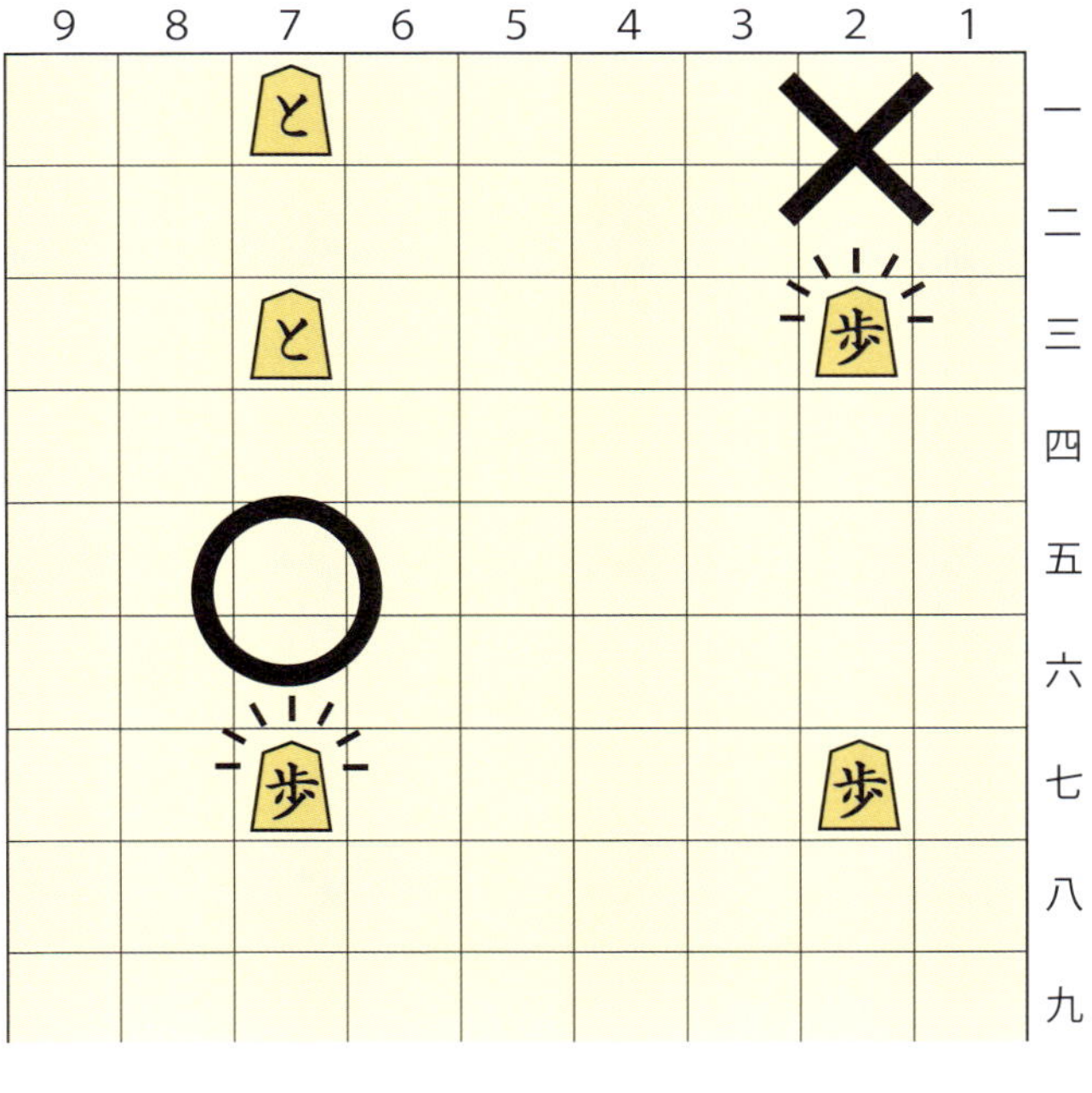

図《ず》の右《みぎ》は、2七に歩《ふ》があるので、2三に歩《ふ》は打《う》てません。1つの筋《すじ》に、歩《ふ》は2枚《まい》おくことはできません。

図《ず》の左《ひだり》は、7一や7三に「と金《きん》」がいます。でも、と金《きん》は歩《ふ》ではないので、7七に歩《ふ》を打《う》つことはできます。これは二歩《にふ》ではありません。

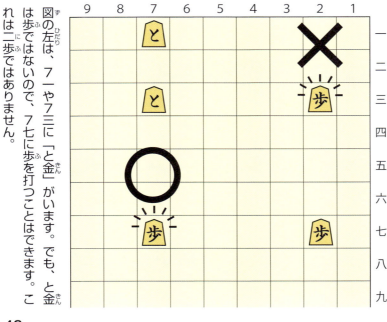

打《う》ち歩詰《ふづ》め

相手《あいて》の玉《ぎょく》が詰《つ》んでしまうとき（「詰《つ》み」とはなにかは50ページを見《み》てください）、**持《も》ち駒《ごま》の歩《ふ》を打《う》って王手《おうて》すること**は「打《う》ち歩詰《ふづ》め」といって、**禁止《きんし》**されています。

自分《じぶん》の歩《ふ》がすでに盤上《ばんじょう》にあって、この歩《ふ》を進《すす》めて詰《つ》めるのはだいじょうぶ。こちらは「突《つ》き歩詰《ふづ》め」と呼《よ》ばれ、問題《もんだい》はありません。

×

⇨持《も》っている歩《ふ》を1四に打《う》つのは「打《う》ち歩詰《ふづ》め」で、反則負《はんそくま》けです。

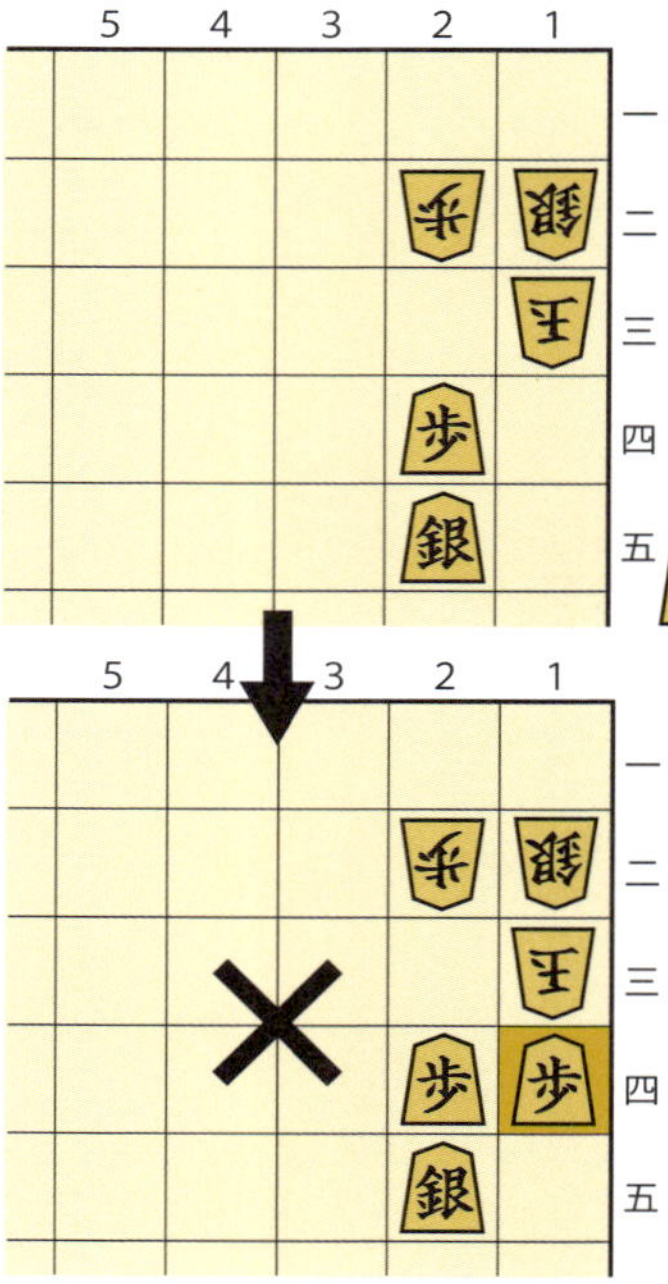

持《も》ち駒《ごま》 歩

○

⇨今度《こんど》は1五に歩《ふ》がいます。この歩《ふ》を1四に進《すす》めるのは「突《つ》き歩詰《ふづ》め」という手《て》で、反則《はんそく》ではありません。

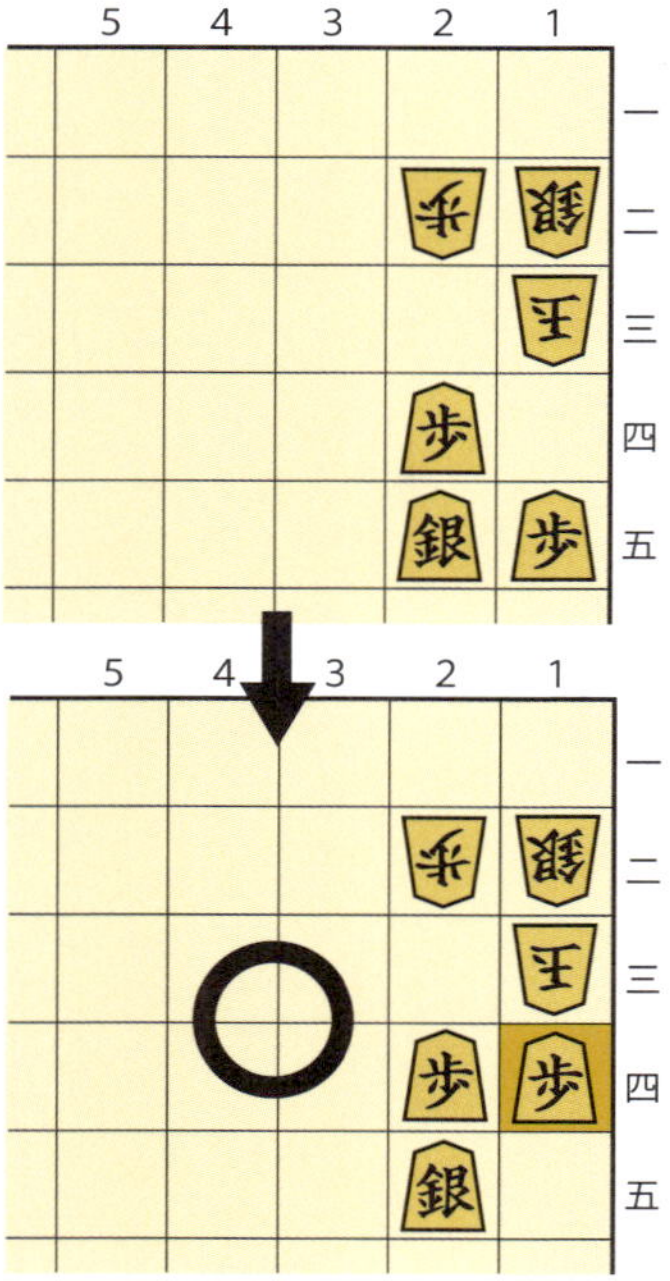

そのほかの禁《きん》じ手《て》

前《まえ》の３つ以外《いがい》にも、いくつか禁《きん》じ手《て》があります。

●順番《じゅんばん》を無視《むし》して、自分《じぶん》が２回《かい》つづけて指《さ》す「二手指《にてざ》し」。

●桂以外《けいいがい》の駒《こま》が、駒《こま》を飛《と》びこえて移動《いどう》する。

●飛車《ひしゃ》や角《かく》、香《きょう》の筋《すじ》ちがいの移動《いどう》。

●「王手《おうて》の放置《ほうち》」や「自分《じぶん》から駒《こま》を取《と》られる」。

●王手《おうて》をつづけているうちに、同じ局面が４回になった「連続王手《れんぞくおうて》の千日手《せんにちて》」。

ちなみに対局《たいきょく》していて「あ、その手待《てま》ったー！」ということ、ありませんか？　じつはこの「待《ま》った」も、禁《きん》じ手《て》とされています。プロ棋士《きし》どうしではもちろん負《ま》けです。でも子《こ》どもどうしなら、1回《かい》くらいは大目《おおめ》に見《み》てあげてもいいかも。

なお、同《おな》じ手順《てじゅん》を自分《じぶん》と相手《あいて》でくり返《かえ》す「千日《せんにち》手《て》」は、4回《かい》つづくと引《ひ》き分《わ》けになります。

対局《たいきょく》のはじめかた

「将棋《しょうぎ》やろうぜー」「おう！」で、対局《たいきょく》をはじめて問題《もんだい》はないのですが、ここでは本格的《ほんかくてき》な将棋《しょうぎ》のマナーを紹介《しょうかい》していきましょう。

まずは、おたがいの陣地《じんち》に駒《こま》をならべましょう（ならべかたは13ページの図《ず》を見《み》てください）。相手《あいて》がまだ席《せき》につかないうちに、自分《じぶん》のだけでなく**相手側《あいてがわ》の駒《こま》までならべる人《ひと》**がいますが、**これはマナー違反《いはん》**ですよ。

ちょっとむずかしいことをいうと、ならべる順番《じゅんばん》には、「大橋流《おおはしりゅう》」「伊藤流《いとうりゅう》」という2つの方法《ほうほう》があります。でも、自由《じゆう》にならべてかまいません。

駒《こま》をならべ終《お》わったら、歩《ふ》5枚《まい》を両手《りょうて》でにぎり、手《て》の中《なか》で振《ふ》ってたいらなところにまきます。「歩《ふ》」が多《おお》ければ歩《ふ》を振《ふ》った人《ひと》の先手《せんて》。「と」が多《おお》ければ歩《ふ》を振《ふ》った人《ひと》が後手《ごて》。立《た》った駒《こま》やかさなった駒《こま》は数《かぞ》えません。

最初《さいしょ》に、まず玉《ぎょく》をおき、それからわきの駒《こま》をならべていくと、カッコよく見《み》えます。

マスから駒《こま》が出《で》ないように、駒《こま》がななめになったりしないように、きちんとならべてください。

指《さ》す順番《じゅんばん》の決《き》めかたは、本格的《ほんかくてき》にするなら「振《ふ》り駒《ごま》」で、どちらが先《さき》にはじめるかを決《き》めます。先《さき》に指《さ》すほうを「先手《せんて》」、あとのほうを「後手《ごて》」といいます。でも、この方法《ほうほう》はめんどうなので、じゃんけんで決《き》めてもいいですね。

さあ、これで駒《こま》もならべたし、先手後手《せんてごて》も決《き》まりました。あとは指《さ》すだけです。

ふたりとも姿勢《しせい》をただして、「**お願《ねが》いします**」**と一礼《いちれい》**するのがマナー。プロ棋士《きし》も、かならず「**お願《ねが》いします**」と頭《あたま》をさげています。こうした礼儀《れいぎ》を、初心者《しょしんしゃ》はぜひ見《み》ならってほしいものです。

礼儀《れいぎ》正《ただ》しくスタート

対局《たいきょく》の終《お》わりかた

王手《おうて》されてつぎに玉《ぎょく》が取《と》られてしまう、逃《に》げようにも玉《ぎょく》の逃《に》げ場《ば》がない状態《じょうたい》（詰《つ》みの状態《じょうたい》・50ページで解説《かいせつ》）になったら、将棋《しょうぎ》は終《お》わりです。

自分《じぶん》が負《ま》けたな、と思《おも》ったら、姿勢《しせい》をただして、**「負《ま》けました」と言《い》いながら一礼《いちれい》**しましょう。これを「**投了《とうりょう》**」といいます。

負《ま》けるのはだれでもくやしいですが、「ちぇっ、やられた」などと、駒《こま》をほうり投《な》げて席《せき》を立《た》ったりしてはダメ！　腹立《はらだ》ちまぎれに、盤《ばん》の上《うえ》をぐちゃぐちゃにするなどはぜったいにいけませんよ。

また、玉《ぎょく》が取《と》られるとわかっていて**ムダに逃《に》げ**

やっちゃいけないこと
ぐちゃ
ぐちゃ
駒《こま》を
なげだす

るのも、マナー違反《いはん》です。

将棋《しょうぎ》は相手《あいて》あってのゲーム。対戦《たいせん》してくれた相《あい》手《て》には、勝《か》っても負《ま》けても敬意《けいい》をはらいましょう。逆《ぎゃく》に、相手《あいて》が「負《ま》けました」と言《い》ったら、こちらは「**ありがとうございました**」と一礼《いちれい》します。勝《か》ったからといってえらそうにしたり、相手《あいて》をばかにした態度《たいど》をとってはいけません。


プロ棋士《きし》や、アマチュアでも強《つよ》い人《ひと》たちは、勝《しょう》敗《はい》がついたあとたいてい「感想戦《かんそうせん》」をします。対《たい》局《きょく》のどこがよかったか、もしべつの手《て》を指《さ》せば局《きょく》面《めん》がどう変《か》わったかなど、感想《かんそう》を話《はな》しあいます。対局《たいきょく》の復習《ふくしゅう》というわけです。

将棋《しょうぎ》がすんだら、ふたりで駒《こま》をきちんと箱《はこ》にしまいましょう。駒《こま》は1個売《こう》りはしていないので、なくさないように気《き》をつけてください。

詰《つ》みとは？

前《まえ》のページで対局《たいきょく》の終《お》わりかたについて書《か》きました。では、どういう状態《じょうたい》になったら「負《ま》けました」と言《い》うのか。勝負《しょうぶ》に負《ま》けたかどうかは、どう判断《はんだん》するのかについて、説明《せつめい》しましょう。

つぎに相手《あいて》の玉《ぎょく》が取《と》れる、という場所《ばしょ》に駒《こま》を進《すす》めたり、駒《こま》を打《う》つことを「王手《おうて》」といいます。王《おう》手《て》をかけるときに、「王手《おうて》！」とさけぶ必要《ひつよう》はありませんよ。だまって王手《おうて》します。

王手《おうて》をかけられた側《がわ》は、それを受《う》けることができるか、あるいは逃《に》げることができないかを考《かんが》え

【例《れい》1】

持《も》ち駒《ごま》に金《きん》があります。この金《きん》をどこに打《う》ったら、玉《ぎょく》は詰《つ》むでしょうか？
答えは下。

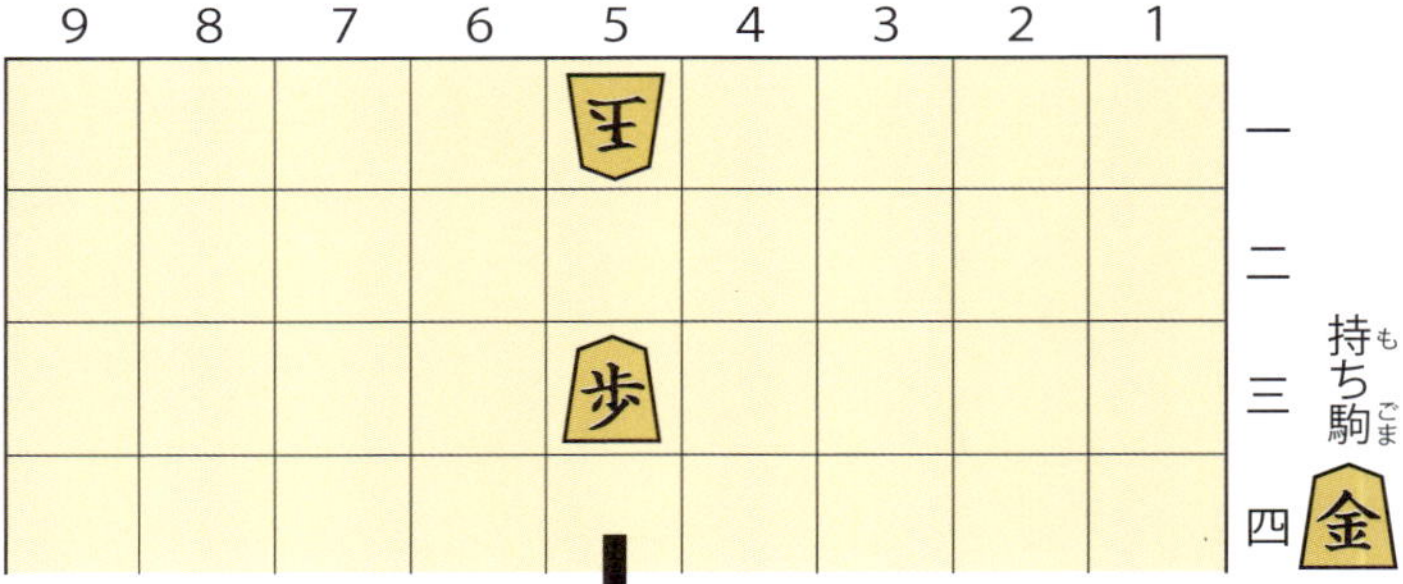

持《も》ち駒《ごま》の金《きん》を5二に打《う》てば、玉《ぎょく》は逃《に》げるところがありません。もし玉《ぎょく》が金《きん》を取《と》れば、歩《ふ》で玉《ぎょく》を取《と》られます。

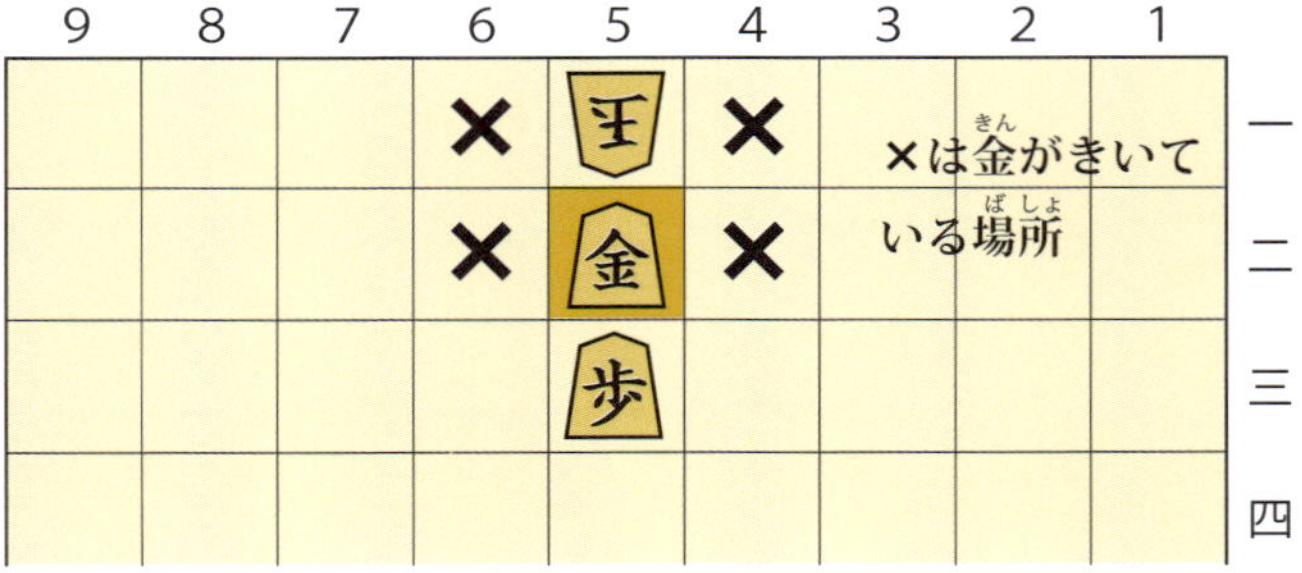

ますね。そしてどう受《う》けてても、逃《に》げたくても逃《に》げる道《みち》はないと思《おも》ったら、しかたありません。いさぎよく「負《ま》けました」と投了《とうりょう》します。

玉《ぎょく》に逃《に》げ場所《ばしょ》がなく、応戦《おうせん》できない状態《じょうたい》、「負《ま》けました」と言《い》わざるをえない状態《じょうたい》を「詰《つ》み」といいます。右《みぎ》ページ下《した》の【例《れい》1】を見《み》てください。玉《ぎょく》はどこにも逃《に》げられません。「頭金《あたまきん》」という詰《つ》みの基本《きほん》です。これが詰《つ》んでいる状態《じょうたい》です。

詰《つ》みの状態《じょうたい》にするにはかなり頭《あたま》を使《つか》います。この、玉《ぎょく》を詰《つ》めるパズル問題《もんだい》を「詰《つ》め将棋《しょうぎ》」といって、さまざまな問題《もんだい》が昔《むかし》から考案《こうあん》されてきました。初心者《しょしんしゃ》むけのやさしい1手詰《てづ》めの問題《もんだい》から、プロでも解《と》けないような超難問《ちょうなんもん》まで、詰《つ》め将棋《しょうぎ》は山《やま》ほどあります。それぐらい詰《つ》みはたいへんな、頭《あたま》を使《つか》う問題《もんだい》といえるのです。

【例《れい》2】

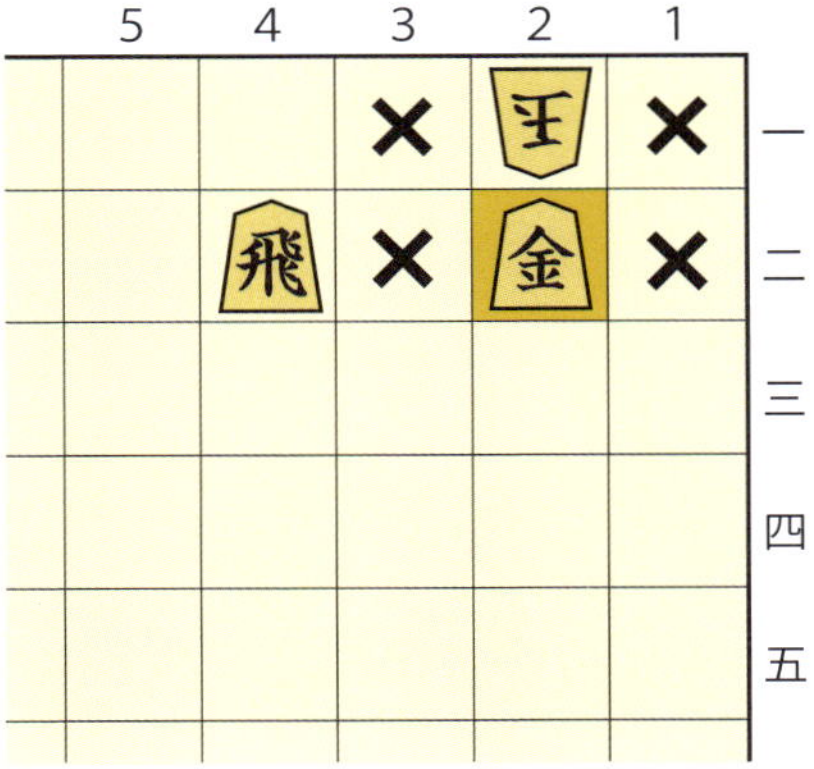

2二に金《きん》を打《う》つ（進《すす》める）と、玉《ぎょく》は逃《に》げるところがありません。飛《ひ》車《しゃ》がいるので、金《きん》を取《と》ることもできません。これも【例《れい》1】と同《おな》じ頭金《あたまきん》という詰《つ》みの基本《きほん》です。

【例《れい》3】

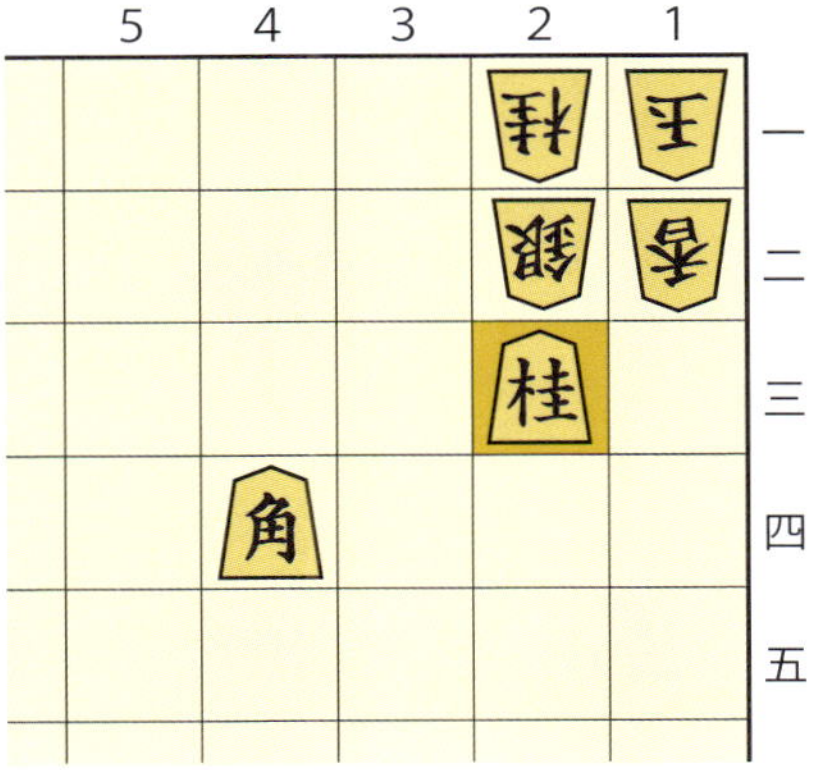

2三に桂《けい》を打《う》つ（進《すす》める）と、玉《ぎょく》は動《うご》けるところがありません。銀《ぎん》が桂《けい》を取《と》れば、4四にいる角《かく》で玉《ぎょく》を取《と》れますね。これも詰《つ》みです。

棋譜《きふ》と局面図《きょくめんず》の見《み》かた

将棋《しょうぎ》の本《ほん》を読《よ》んでも、なにが書《か》いてあるのか、チンプンカンプンという初心者《しょしんしゃ》がいるはず。将棋《しょうぎ》の本《ほん》には、局面図《きょくめんず》と棋譜《きふ》が書《か》いてあります。これがわからないと、内容《ないよう》が理解《りかい》できないからです。

下《した》の図《ず》を見《み》てください。第《だい》1図《ず》は駒《こま》をならべたところ。盤《ばん》の横《よこ》には、先手《せんて》（先《さき》に指《さ》すほう）、後手《ごて》（あとで指《さ》すほう）の持《も》ち駒《ごま》が書《か》いてあります。相手《あいて》の駒《こま》を取《と》ると、ここに駒《こま》が表記《ひょうき》されます。

つぎに左《ひだり》ページ第《だい》2図《ず》。図《ず》の上《うえ》に「第《だい》2図《ず》は☖3二金《きん》まで」とあります。このように**対局《たいきょく》で駒《こま》を**

【第《だい》1図《ず》】

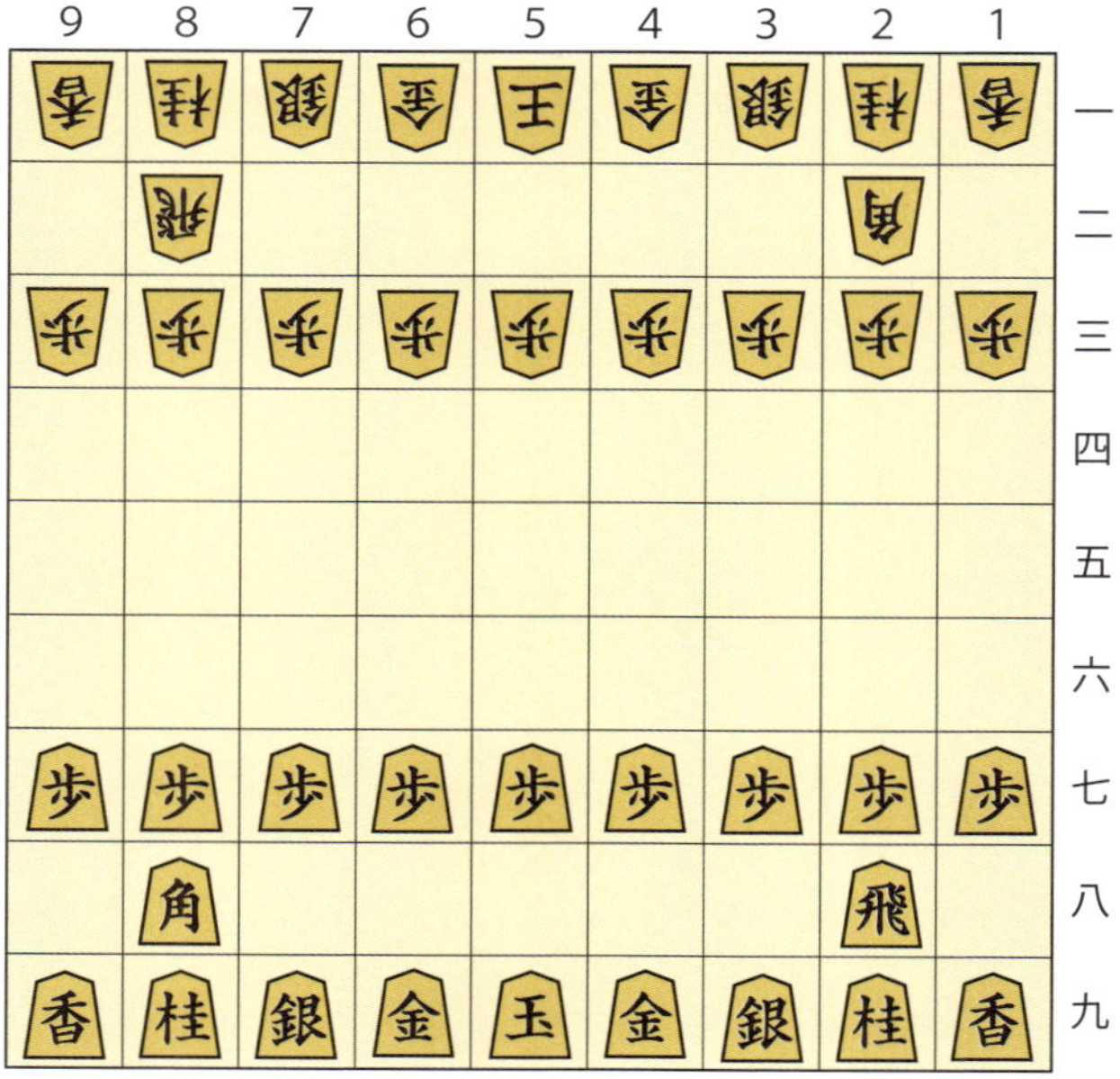

第《だい》1図《ず》以下《いか》の指《さ》し手《て》

☗2六歩《ふ》☖8四歩《ふ》☗2五歩《ふ》☖8五歩《ふ》

☗7八金《きん》☖3二金《きん》（第《だい》2図《ず》）

↑棋譜《きふ》

第《だい》1図《ず》から第《だい》2図《ず》までの指《さ》し手《て》。

動《うご》かした図《ず》を、「局面図《きょくめんず》」といいます。

第《だい》2図《ず》の上《うえ》にある「☖3二金《きん》」の**☖は、後手《ごて》**という意味《いみ》のマーク。黒《くろ》い**☗は、先手《せんて》**です。

第《だい》1図《ず》から、先手《せんて》、後手《ごて》、先手《せんて》…と交互《こうご》に指《さ》して、第《だい》2図《ず》までできたわけです。第《だい》2図《ず》までの動《うご》きは、**駒《こま》の動《うご》きの記録《きろく》「棋譜《きふ》」**でわかります。

第《だい》1図《ず》から第《だい》2図《ず》までは、右《みぎ》ページの棋譜《きふ》にあるように☗2六歩《ふ》☖8四歩《ふ》☗2五歩《ふ》☖8五歩《ふ》☗7八金《きん》☖3二金《きん》と動《うご》かしているわけです。

第《だい》1手目《てめ》の「☗2六歩《ふ》」とは、第《だい》1図《ず》でならべた2七にあった歩《ふ》が、2六に進《すす》んだという意味《いみ》ですよ。

最初《さいしょ》は、棋譜《きふ》を見《み》ただけでは駒《こま》の動《うご》きがわかりにくいかもしれませんが、実際《じっさい》に駒《こま》を動《うご》かしてみるとわかるでしょう。


【第《だい》2図《ず》は☖3二金《きん》まで】

局面図《きょくめんず》 第《だい》1図《ず》から棋譜《きふ》どおりに指《さ》し進《すす》み、後手《ごて》が3二に金《きん》をあげたところをあらわした図《ず》。

☖後手《ごて》 持《も》ち駒《ごま》 なし

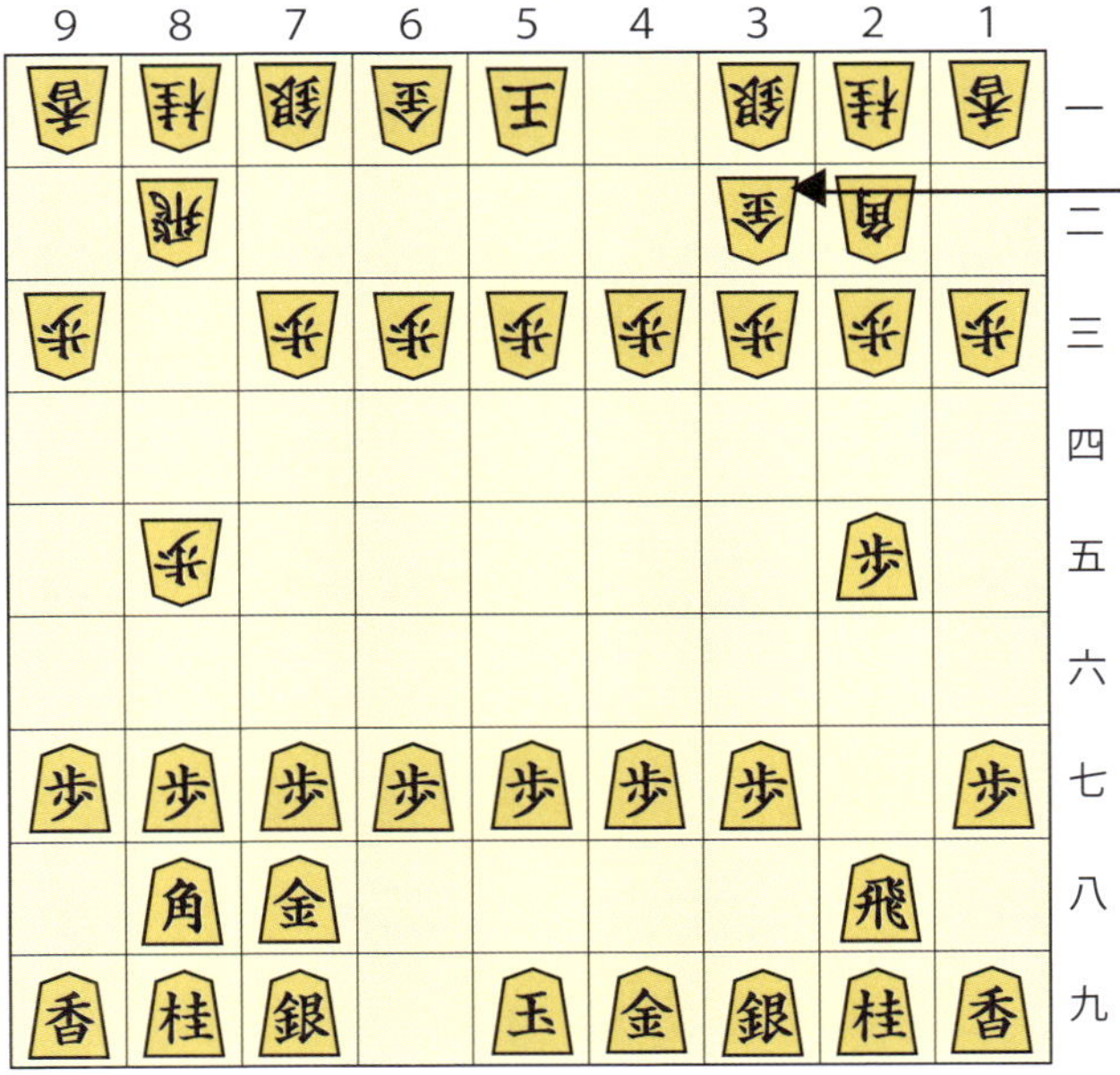

☗先手《せんて》 持《も》ち駒《ごま》 なし

☗→先手《せんて》のマーク
☖→後手《ごて》のマーク

最初《さいしょ》に戦法《せんぽう》をおぼえよう

いよいよ実際《じっさい》に対局《たいきょく》ができるようになっても、どう指《さ》したらいいか、わからないでしょう。

そこでできれば最初《さいしょ》に、戦法《せんぽう》を１つおぼえましょう。将棋《しょうぎ》を理解《りかい》するのにとても役《やく》だちます。

戦法書《せんぽうしょ》には、どう指《さ》していくか指《さ》し手《て》が書《か》いてあります。考《かんが》えることなく、書《か》いてあるとおりに駒《こま》を動《うご》かしていけばいいのです。

テレビゲームやパソコンゲームでも攻略法《こうりゃくほう》があって、それをおぼえれば勝《か》てるようになりますよね。将棋《しょうぎ》も同《おな》じ。対局《たいきょく》するなら、やはり戦法《せんぽう》をおぼえるのが、勝利《しょうり》へのいちばんの近道《ちかみち》なのです。

では、どんな戦法《せんぽう》がいいのでしょうか。
ズバリ、みなさんに**おすすめしたいのが「棒銀《ぼうぎん》戦法《せんぽう》」**。これは飛車《ひしゃ》と協力《きょうりょく》しながら、右側《みぎがわ》の銀《ぎん》が相手陣《あいてじん》に攻《せ》めこんでいく戦法《せんぽう》です。

相手《あいて》の対応《たいおう》によって、棒銀戦法《ぼうぎんせんぽう》にもいろいろな種類《しゅるい》があるのですが、**最初《さいしょ》はまず「原始棒銀《げんしぼうぎん》」**をおぼえてください。

指《さ》しかたがとてもわかりやすく、初心者《しょしんしゃ》でもすぐおぼえられます。それでいて、破壊力《はかいりょく》はバツグン！　同《おな》じぐらいの棋力《きりょく》（将棋《しょうぎ》の実力《じつりょく》）のお友《とも》だちだったら、ぜったい勝《か》つことができるでしょう。

この本《ほん》ではくわしく説明《せつめい》できませんが、同《おな》じ創《そう》元社《げんしゃ》から、『マンガで覚《おぼ》える棒銀戦法《ぼうぎんせんぽう》』が出《で》ています。マンガが楽《たの》しくておすすめです。ぜひ読《よ》んでおぼえてください。

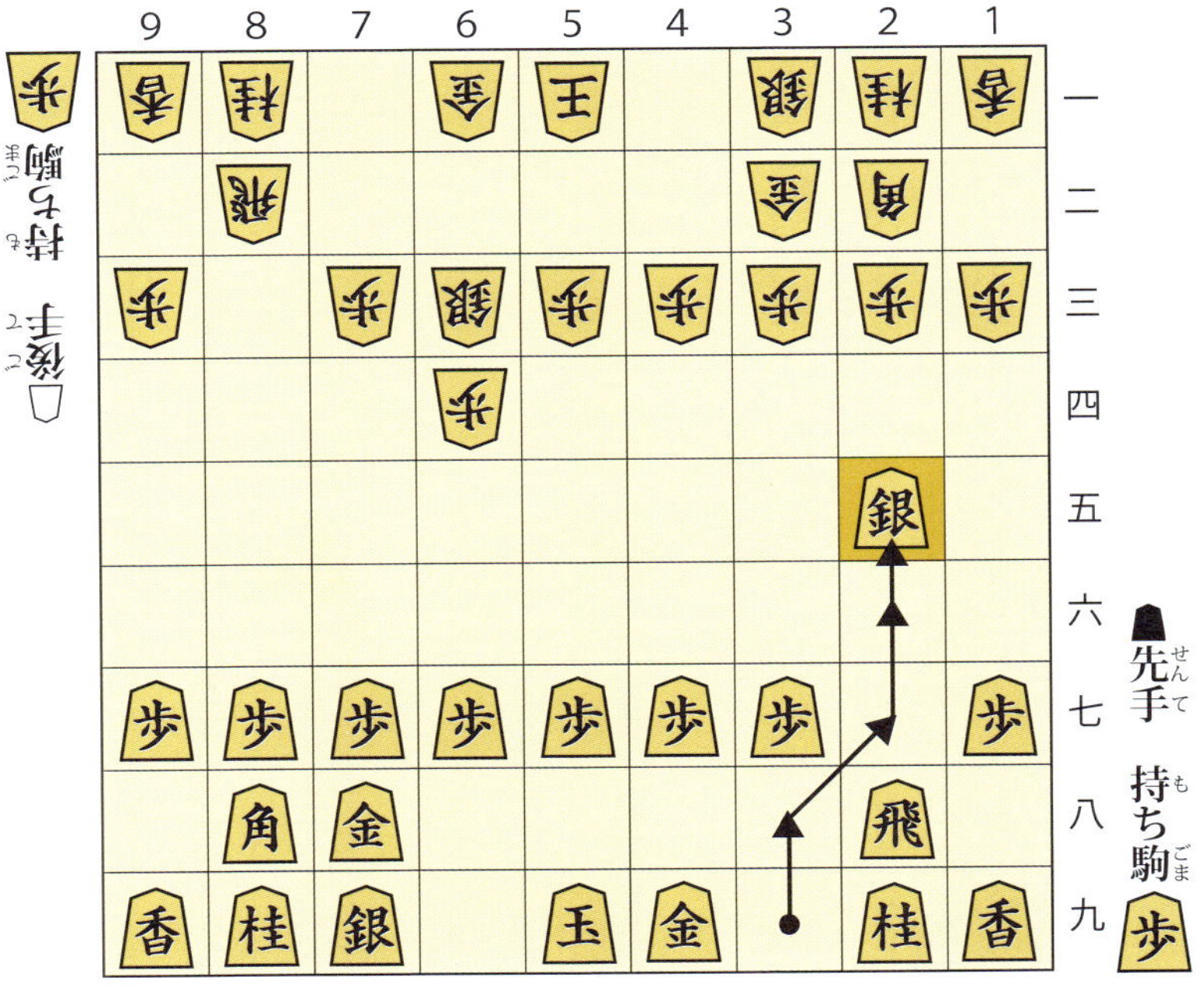

飛車《ひしゃ》をバックに、3九にいた銀《ぎん》がどんどんあがっていく棒銀戦法《ぼうぎんせんぽう》。このあとこの銀《ぎん》で2筋《すじ》をやぶっていくよ。

第《だい》1手《て》目《め》はどの駒《こま》を動《うご》かす？

さあ、実戦《じっせん》！ あなたが先手《せんて》になりました。では第《だい》1手《て》目《め》はどう指《さ》しますか？（原始棒銀《げんしぼうぎん》をおぼえているときは、その手順《てじゅん》で指《さ》してください）

初心者《しょしんしゃ》はなぜか、両《りょう》わき、1七か9七の歩《ふ》を動《うご》かしがち。でもこれ、なんの意味《いみ》もない動《うご》きです。対局《たいきょく》では、駒《こま》がムダな動《うご》きをしてはいけません。

第《だい》1手《て》目《め》は、7七の歩《ふ》を☗7六歩《ふ》と、前《まえ》へ進《すす》めましょう。 なぜかというと、☗7六歩《ふ》とすれば7七のマスがあくからです。

下《した》の図《ず》のように、7七があけば8八の角《かく》が右《みぎ》ななめ上《うえ》に動《うご》けます。これを「角道《かくみち》をあける」とい

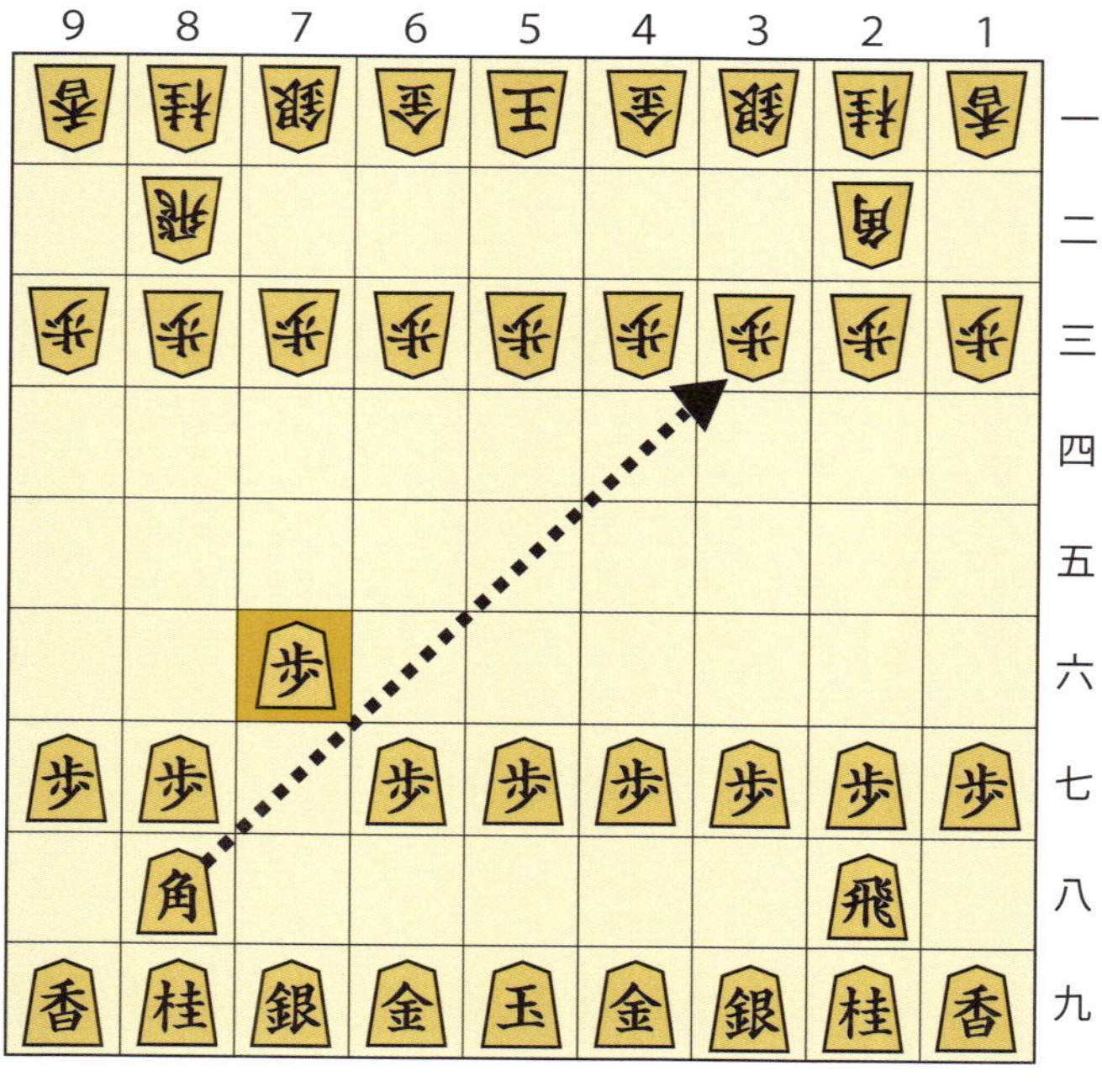

1手《て》目《め》は☗7六歩《ふ》。角《かく》が相手陣《あいてじん》まで進《すす》めるようになりました。

います。相手《あいて》はこれで動《うご》きが制限《せいげん》されます。角《かく》が相手陣《あいてじん》までとおっているのがわかりますね。

第《だい》1手目《てめ》にたいし相手《あいて》は第《だい》2手目《てめ》を指《さ》します。多少将棋《たしょうしょうぎ》がわかるなら、相手《あいて》も角道《かくみち》をあけるでしょう。ついで第《だい》3手目《てめ》、あなたの番《ばん》です。

あなたの**2番目《ばんめ》の手《て》は、2七にある歩《ふ》を☗2六歩《ふ》と前《まえ》へ進《すす》めます**。これもおぼえてください。

たとえば、飛車《ひしゃ》の前《まえ》の歩《ふ》がどんどん進《すす》むと、相《あい》手《て》の歩《ふ》とぶつかります。相手《あいて》に歩《ふ》を取《と》られても、こちらの飛車《ひしゃ》がグーンと進《すす》んで、2筋《すじ》にいる相手《あいて》の歩《ふ》を取《と》るので、損《そん》することはありません。

これは飛車《ひしゃ》を動《うご》けるようにするのがねらいで、「飛車先《ひしゃさき》を突《つ》く」といいます。

角道《かくみち》をあける、それから飛車先《ひしゃさき》を突《つ》く、この2つをしっかりおぼえましょう。

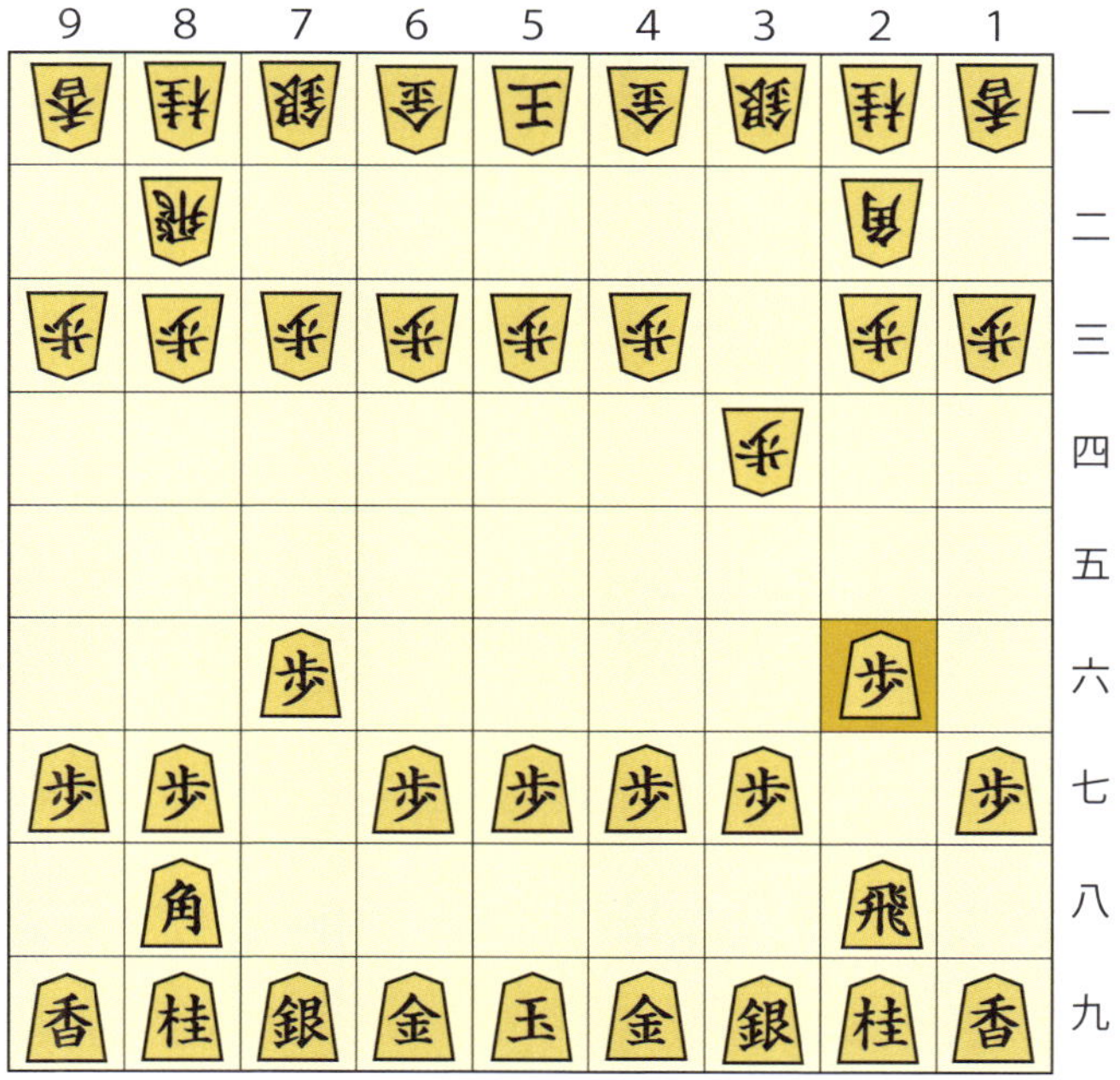

自分《じぶん》の2番目《ばんめ》の手《て》は☗2六歩《ふ》。飛車《ひしゃ》先《さき》の歩《ふ》を突《つ》くことで、飛車《ひしゃ》が力《ちから》を発揮《はっき》していきます。

戦《たた》いの基本《きほん》ポイント

実戦《じっせん》では、まず最初《さいしょ》の手《て》は☗7六歩《ふ》と☗2六歩《ふ》が大事《だいじ》だと、前《まえ》のページでお知《し》らせしましたね。

さあそこで、そのつぎは…と教《おし》えてあげたいところですが、この先《さき》は相手《あいて》の動《うご》きによっても変《か》わるので、具体的《ぐたいてき》につぎはこの駒《こま》をこうして、というように教《おし》えることができません。

ただ、戦《たたか》ううえで大切《たいせつ》なポイントを4つ教《おし》えておきましょう。

ポイント①：歩《ふ》は奇数筋《きすうすじ》から突《つ》いていく

「序盤《じょばん》は奇数《きすう》の歩《ふ》を突《つ》け」の格言《かくげん》があるように、**歩《ふ》は奇数《きすう》の筋《すじ》から進《すす》めていく**のが基本《きほん》の考《かんが》えかた。

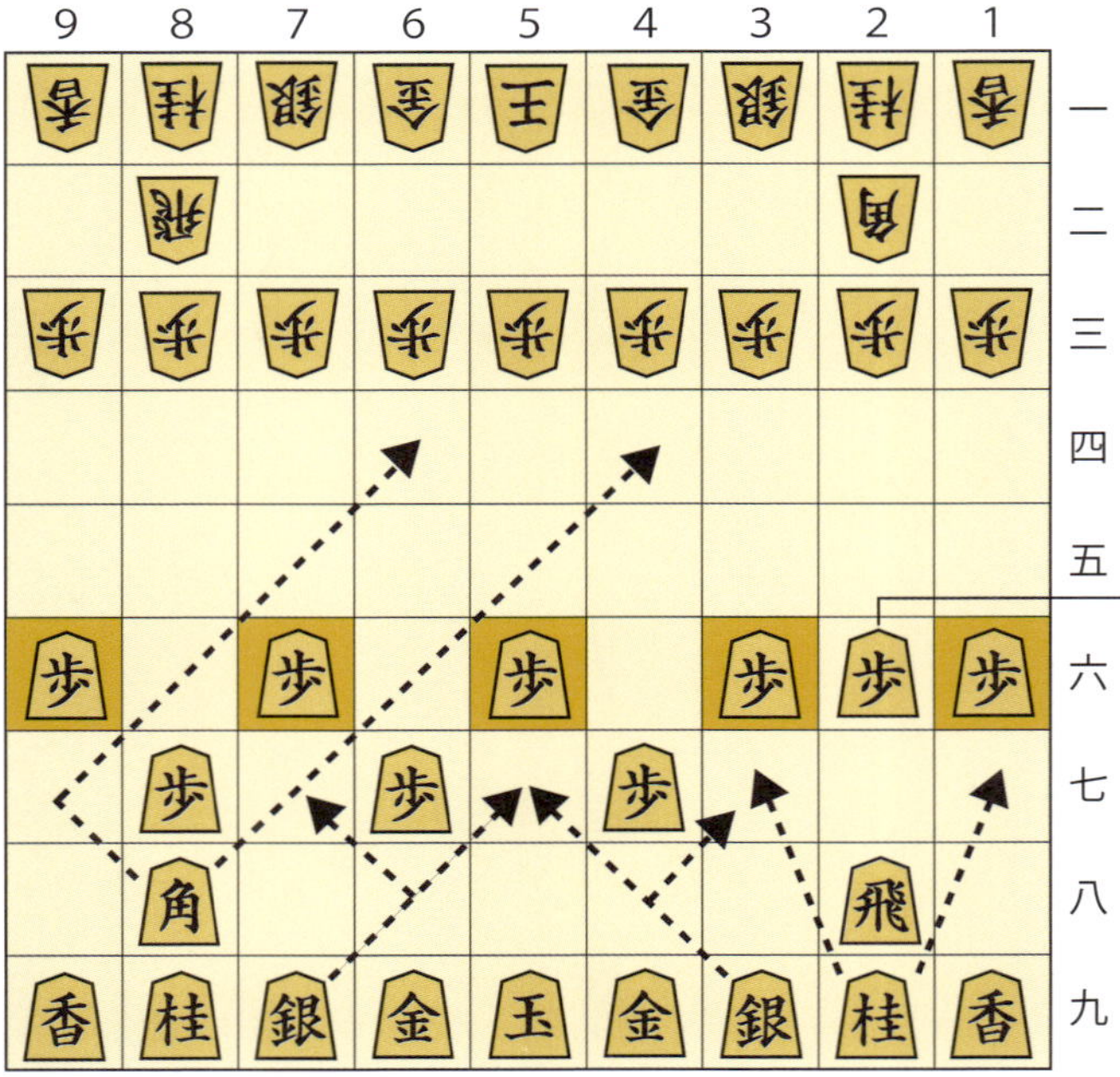

居飛車《いびしゃ》なら2筋《すじ》の歩《ふ》だけは、どんどん突《つ》いていきます。

はじめは1筋《すじ》、3筋《すじ》、5筋《すじ》、7筋《すじ》、9筋《すじ》の奇数《きすう》の歩《ふ》を突《つ》いていくのが基本《きほん》。角《かく》や桂《けい》などの動《うご》ける範囲《はんい》がひろがります。

すなわち歩《ふ》を☗1六歩《ふ》、☗3六歩《ふ》、☗5六歩《ふ》、☗7六歩《ふ》、☗9六歩《ふ》にするわけですね。

こうすると、右下《みぎした》の図《ず》でわかるように、角《かく》、桂《けい》、銀《ぎん》などの動《うご》ける範囲《はんい》がぐんとひろがります。

なお飛車先《ひしゃさき》の歩《ふ》は2筋《すじ》で奇数《きすう》ではありませんが、これは居飛車《いびしゃ》なら突《つ》くべき歩《ふ》。奇数《きすう》を突《つ》いていくというのは、戦《たたか》いのはじめのころという意味《いみ》です。

ポイント②：右銀《みぎぎん》は飛車《ひしゃ》の筋《すじ》へあげていく

飛車筋《ひしゃすじ》、すなわち2筋《すじ》を、右側《みぎがわ》の銀《ぎん》があがっていく、これは棒銀戦法《ぼうぎんせんぽう》の基本的《きほんてき》な考《かんが》えかたです。

また、棒銀戦法《ぼうぎんせんぽう》でなくても、右銀《みぎぎん》は攻撃《こうげき》に使《つか》いましょう。飛車《ひしゃ》を背《せ》にしているので、相手側《あいてがわ》は攻撃《こうげき》してくる銀《ぎん》を、そうかんたんに取《と》ることはできません。

将棋《しょうぎ》では、このように駒《こま》をじょうずに組《く》み合《あ》わせて戦《たたか》うのがポイントです。

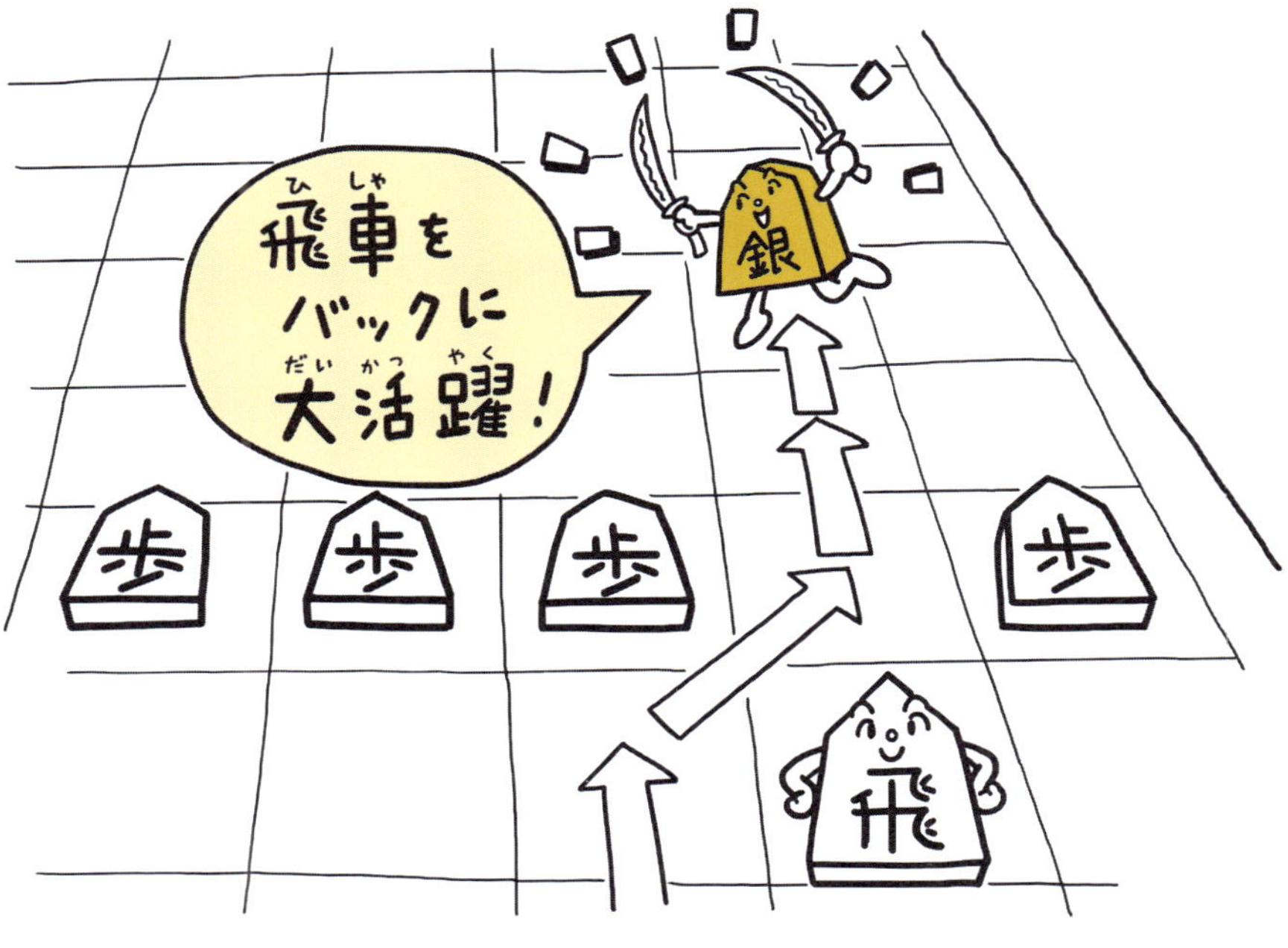

ポイント③：玉《ぎょく》は金銀《きんぎん》で守《まも》ろう

玉《ぎょく》はいちばん大切《たいせつ》な駒《こま》。それまでどんなに勝勢《しょうせい》（勝《か》てる状態《じょうたい》）であっても、玉《ぎょく》を取《と》られたら将棋《しょうぎ》は負《ま》けです。

戦《たたか》いで大《おお》あばれするためにも、まずは玉《ぎょく》をしっかり守《まも》っておくことが大切《たいせつ》です。

玉《ぎょく》を守《まも》るにはいろいろな形《かたち》がありますが、どんな形《かたち》であっても、**金銀《きんぎん》2枚《まい》か3枚《まい》は玉《ぎょく》のそばにおいて、玉《ぎょく》を守《まも》る**ようにしましょう。

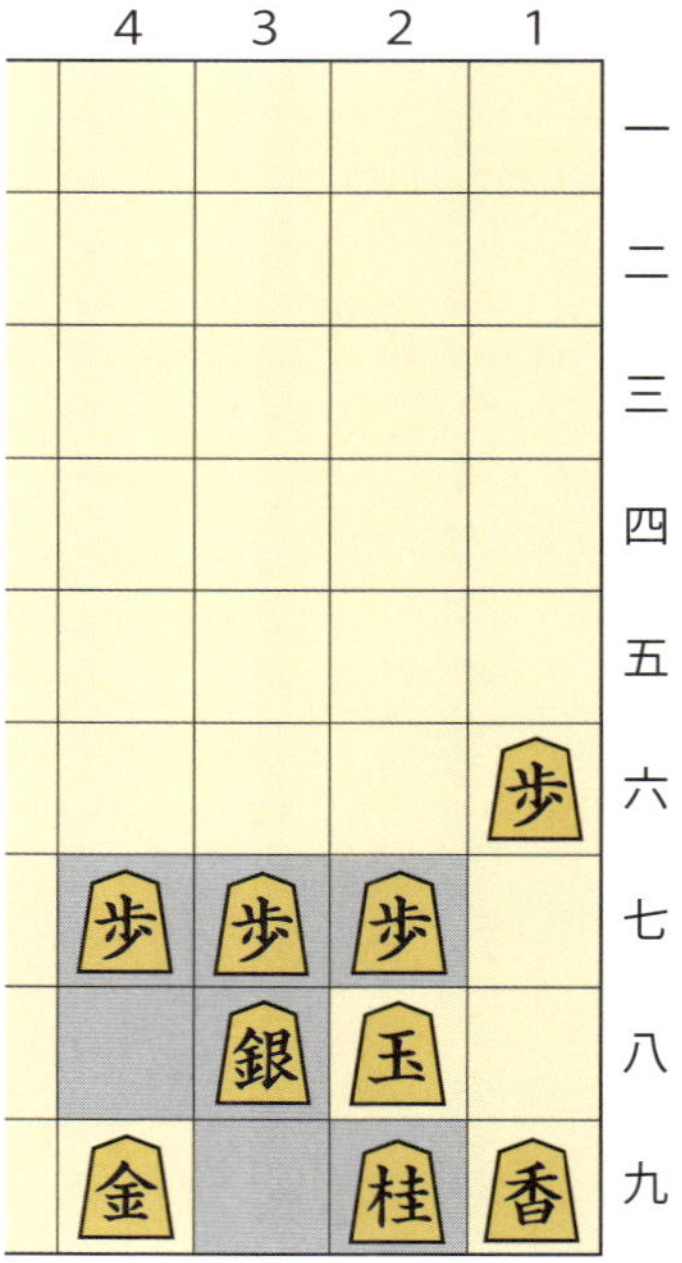

→この形《かたち》は「片美濃《かたみの》」という、金銀《きんぎん》2枚《まい》で守《まも》った形《かたち》です。グレーの部分《ぶぶん》が金銀《きんぎん》の守備範囲《しゅびはんい》です。

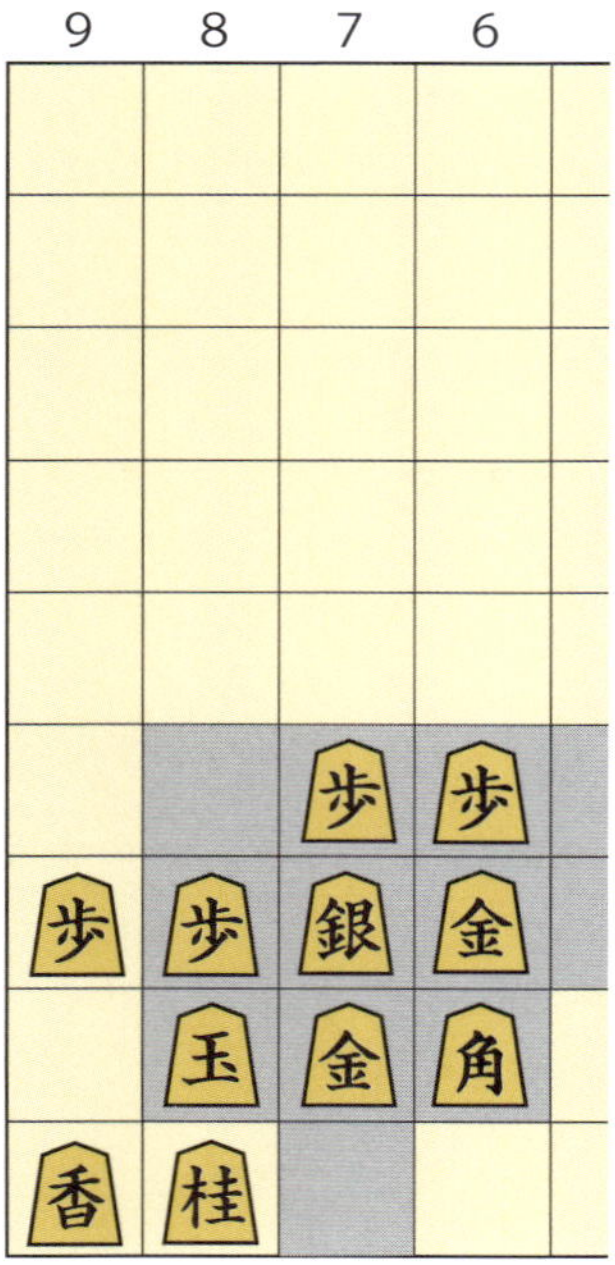

→「金矢倉《きんやぐら》」という、金銀《きんぎん》3枚《まい》で守《まも》っている形《かたち》。3枚《まい》で守《まも》ると、すごく強《つよ》いです。

ポイント④：相手《あいて》が☖8五歩《ふ》としたら☗7八金《きん》

将棋《しょうぎ》を知《し》っている相手《あいて》なら、あなたと同《おな》じように飛車先《ひしゃさき》を突《つ》くことを考《かんが》えるはずです。

そこで相手《あいて》が、飛車先《ひしゃさき》の8筋《すじ》の歩《ふ》を突《つ》いて☖8五歩《ふ》としたら、こちらは**☗7八金《きん》と、金《きん》をあげること**。そうしないと8筋《すじ》を相手《あいて》にやぶられます。

金《きん》をあげないで8筋《すじ》をやぶられる手順《てじゅん》は説明《せつめい》しませんが、とにかく「☖8五歩《ふ》と突《つ》いてきたら☗7八金《きん》」とおぼえてください。

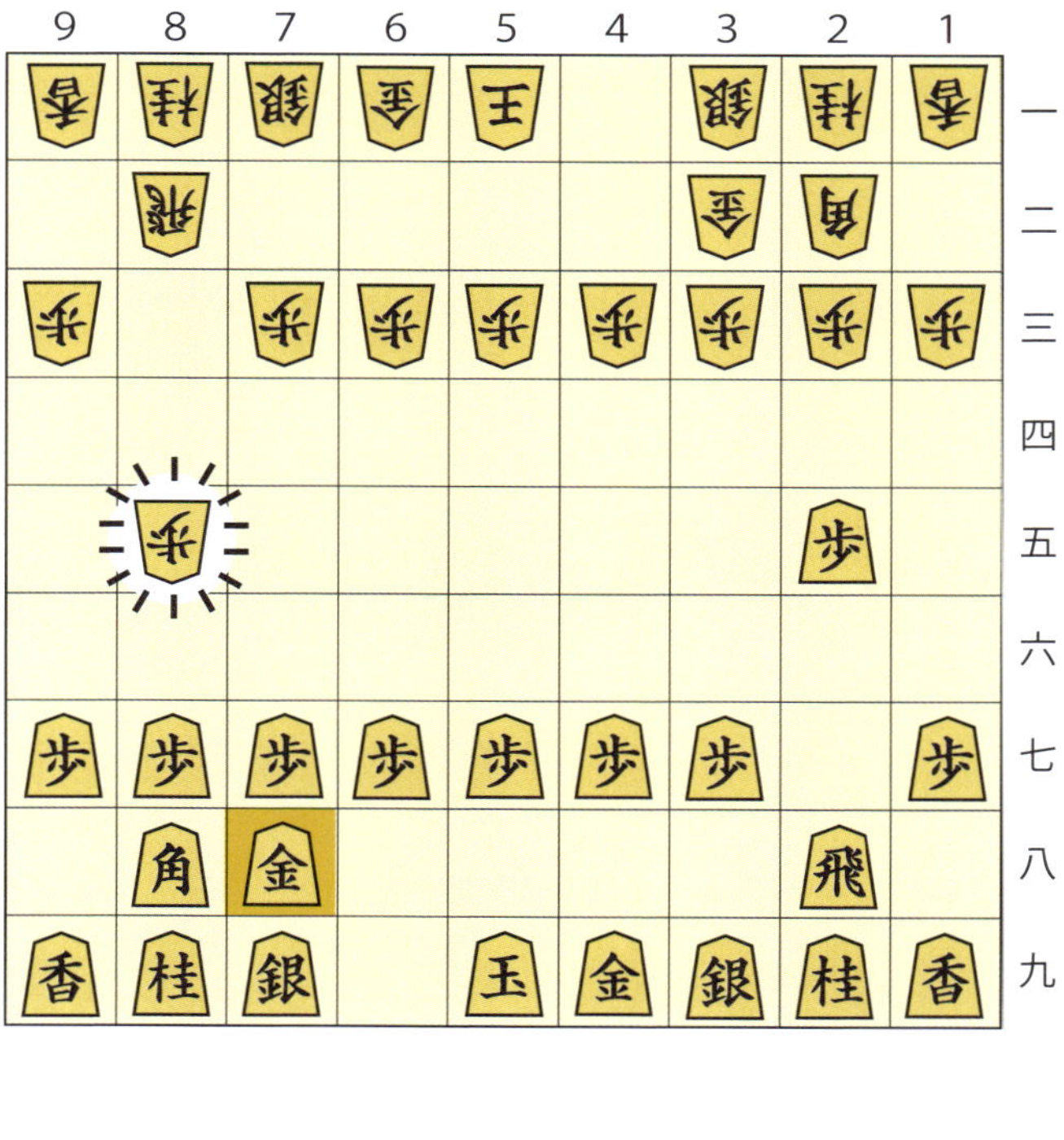

相手《あいて》が☖8五歩《ふ》と進《すす》めてきたら、かならず☗7八金《きん》と金《きん》をあげましょう。

図以下《ずいか》☖8六歩《ふ》には、☗同歩《どうふ》☖同飛《どうひ》☗8七歩《ふ》☖8二飛《ひ》で、相手《あいて》の飛車《ひしゃ》を追《お》いはらえます。

☗同歩の「同」とは、同じところという意味です。

まずは駒《こま》落《お》ちで指《さ》してみよう

お父《とう》さんやおじいさんなど、将棋《しょうぎ》を教《おし》えてもらえる大人《おとな》が、もし近《ちか》くにいるなら、ぜひどんどん対局《たいきょく》してみてください。将棋《しょうぎ》をよく知《し》っている相《あい》手《て》と対局《たいきょく》するのが、上達《じょうたつ》への近道《ちかみち》です。

とはいっても、棋力《きりょく》が大《おお》きくちがう相手《あいて》と指《さ》すと毎回《まいかい》負《ま》けてばかりで、楽《たの》しくないですよね。勝《か》てないとイヤになる、その気持《きも》ち、よくわかります。

そこで提案《ていあん》。**大人《おとな》と指《さ》すときはハンディキャップ（差《さ》）をつけてもらいましょう。**どうするかというと、相手《あいて》に駒《こま》を何枚《なんまい》かへらしてもらうのです。

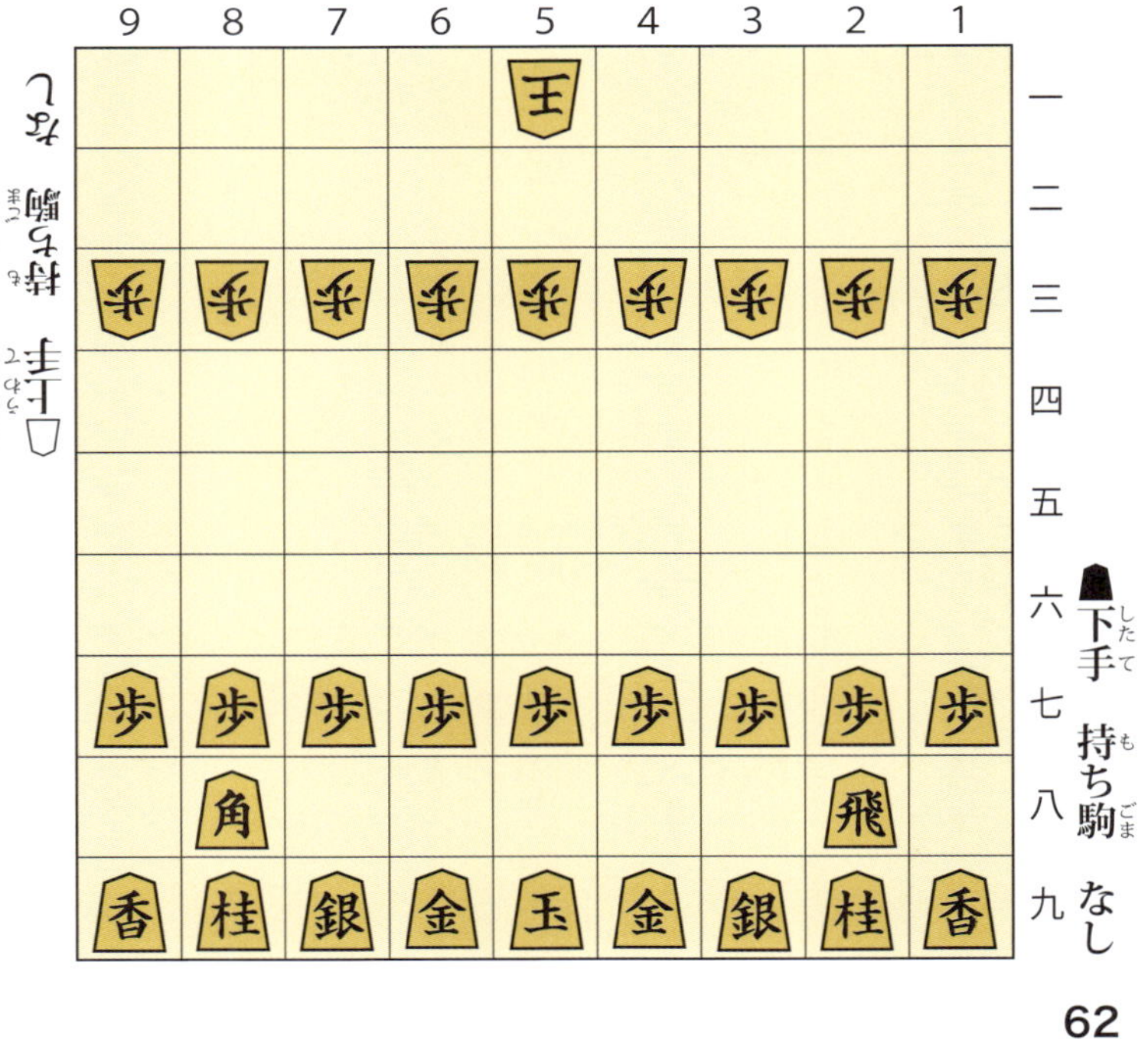

この図《ず》は「十枚落《じゅうまいお》ち」という、いちばんたくさん駒《こま》を落《お》とした形《かたち》。駒落《こまお》ちでは「先手《せんて》・後手《ごて》」ではなく、「上手《うわて》・下手《したて》」という呼《よ》び名《な》になります。

将棋用語《しょうぎようご》では、これを「駒落《こまお》ち」といいます。

駒落《こまお》ちとは、文字《もじ》どおり、強《つよ》いほうが駒《こま》を落《お》として対局《たいきょく》すること。棋力差《きりょくさ》があればあるほど、落《お》とす駒数《こまかず》を多《おお》くし、差《さ》がさほどでなければ、落《お》とす駒《こま》も少《すく》なくします。

ようするに力《ちから》の差《さ》におうじて、ハンディキャップをつけてふたりの棋力《きりょく》を調整《ちょうせい》するわけです。

駒落《こまお》ちをいやがる人《ひと》もいますが、それはちがいますよ。駒落《こまお》ちで対局《たいきょく》すれば、どんな人《ひと》とも対等《たいとう》の勝負《しょうぶ》が楽《たの》しめますし、勉強《べんきょう》になります。駒落《こまお》ちは昔《むかし》からある、りっぱな戦《たたか》いかたなのです。

駒落《こまお》ちには、いろいろな種類《しゅるい》がありますので、くわしいことはつぎのページで説明《せつめい》します。

なお、ふつうに全部《ぜんぶ》の駒《こま》で指《さ》すことは「平手《ひらて》」といいます。プロどうしは、もちろん平手戦《ひらてせん》です。

駒《こま》落《お》ち将棋《しょうぎ》のいろいろ

駒《こま》落《お》ち将棋《しょうぎ》は、ふたりの棋力差《きりょくさ》によって、落《お》とす駒《こま》、枚数《まいすう》がちがい、強《つよ》いほうにそれなりのハンディキャップ（負担《ふたん》）がつくようになっています。

駒《こま》落《お》ちには、つぎのようなものがあります。

①香落《きょうお》ち（左《ひだり》の香《きょう》を落《お》とす）
②角落《かくお》ち（角《かく》を落《お》とす）
③飛車落《ひしゃお》ち（飛車《ひしゃ》を落《お》とす）
④飛香落《ひきょうお》ち（飛車《ひしゃ》と左《ひだり》の香《きょう》を落《お》とす）
⑤二枚落《にまいお》ち（飛車《ひしゃ》と角《かく》を落《お》とす）
⑥四枚落《よんまいお》ち（飛車《ひしゃ》と角《かく》、香《きょう》2枚《まい》を落《お》とす）
⑦六枚落《ろくまいお》ち（飛車《ひしゃ》と角《かく》、香《きょう》2枚《まい》、桂《けい》2枚《まい》を落《お》とす）

①香落《きょうお》ち

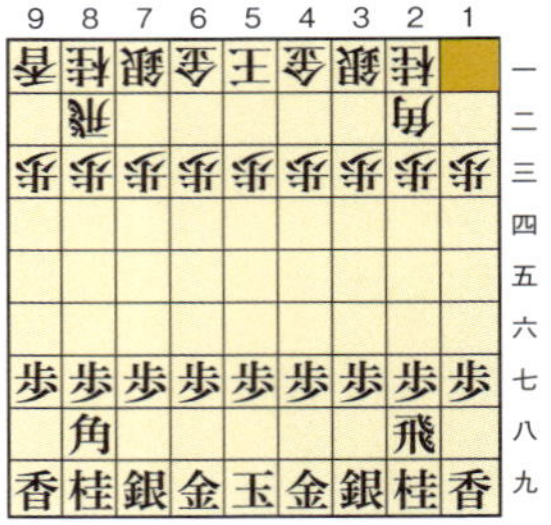

②角落《かくお》ち

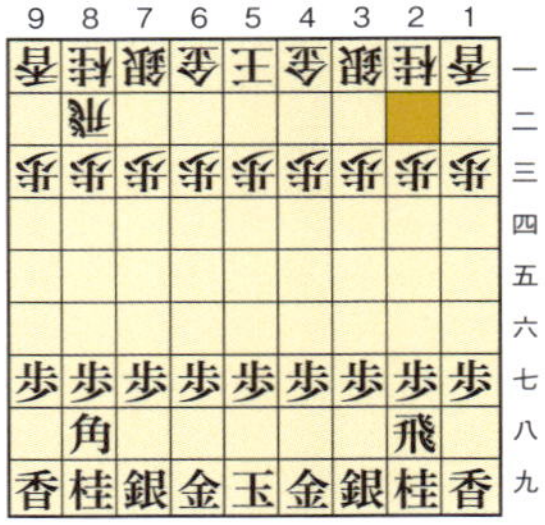

③飛車落《ひしゃお》ち

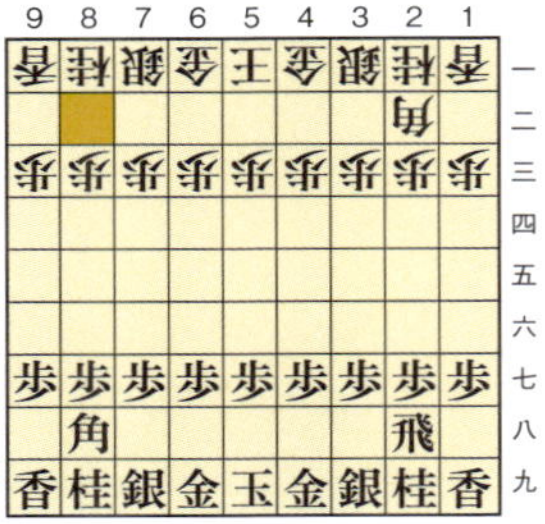

④飛香落《ひきょうお》ち

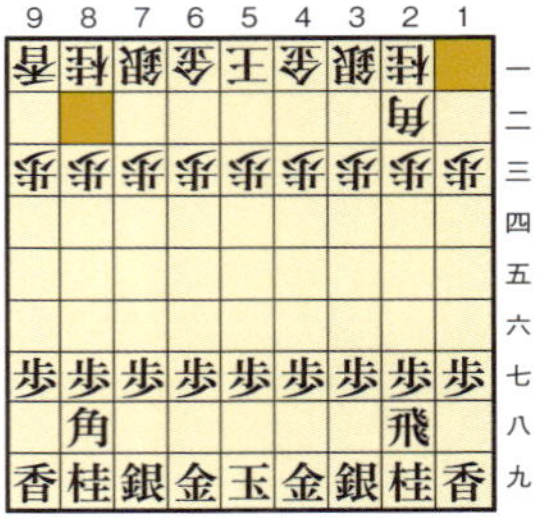

⑤二枚落《にまいお》ち

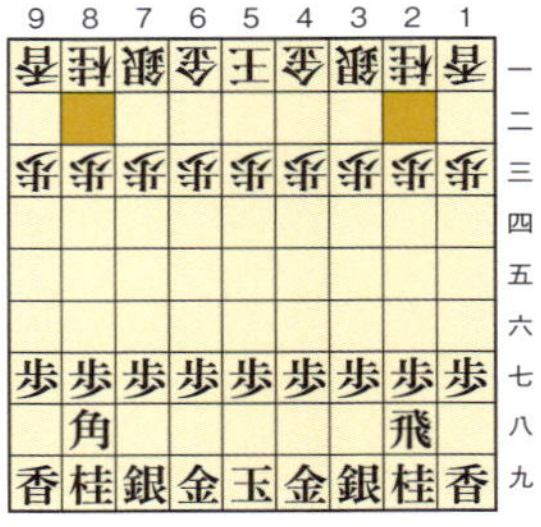

⑥四枚落《よんまいお》ち

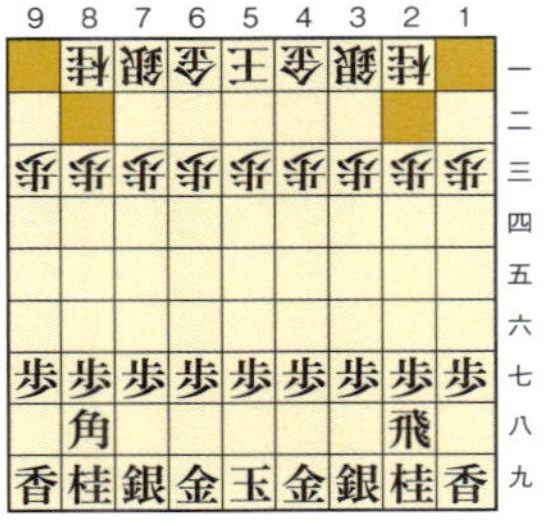

⑧八枚落ち（飛車と角、香2枚、桂2枚、銀2枚を落とす）

⑨十枚落ち（王と歩以外の駒を落とす）

駒落ちでは、駒を落とす上位者を「上手」、下位者を「下手」と呼び、上手から先に指します。

①の香落ちは、上手が香を1枚落とすだけ。その程度のハンディですから、棋力差もたいしたことありません。いっぽう⑨の十枚落ちになると、下の図のように、上手はたいへんなハンディで戦う、いちばん大きな棋力差です。

駒落ち将棋で最初は、まず十枚落ちで指してみてください。「えーっ!!そんな弱っちいのイヤだ」なんて言わないで。最初はそれでもなかなか勝てないものなんですよ。駒落ちでハンディを気にせずに、どんどん対局することが大切です。

⑨十枚落ち

	9	8	7	6	5	4	3	2	1	
					王					一
	歩	歩	歩	歩	歩	歩	歩	歩	歩	三
										四
										五
										六
	歩	歩	歩	歩	歩	歩	歩	歩	歩	七
		角						飛		八
	香	桂	銀	金	玉	金	銀	桂	香	九

⑧八枚落ち

	9	8	7	6	5	4	3	2	1	
				香	王	香				一
	歩	歩	歩	歩	歩	歩	歩	歩	歩	三
										四
										五
										六
	歩	歩	歩	歩	歩	歩	歩	歩	歩	七
		角						飛		八
	香	桂	銀	金	玉	金	銀	桂	香	九

⑦六枚落ち

	9	8	7	6	5	4	3	2	1	
			桂	香	王	香	桂			一
	歩	歩	歩	歩	歩	歩	歩	歩	歩	三
										四
										五
										六
	歩	歩	歩	歩	歩	歩	歩	歩	歩	七
		角						飛		八
	香	桂	銀	金	玉	金	銀	桂	香	九

ボクらは お休み〜

★たくさん落とす駒落ち戦では、下手は飛角を相手陣に成りこむことをいちばんに考えましょう。

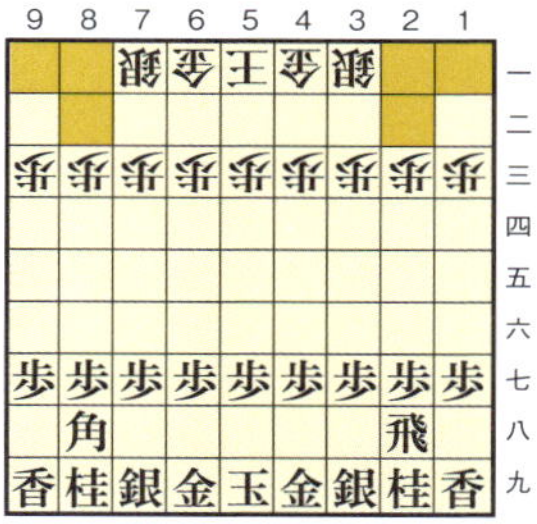

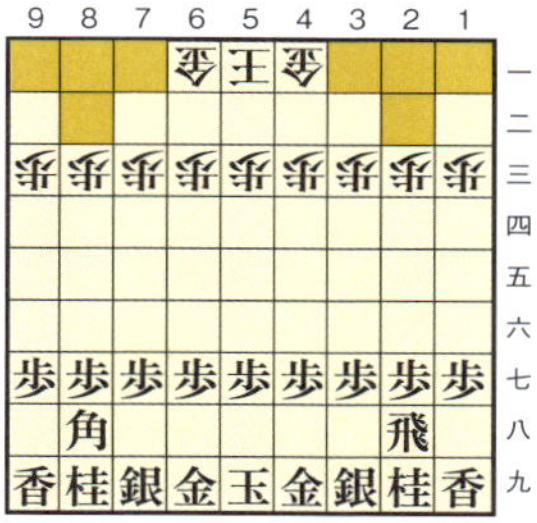

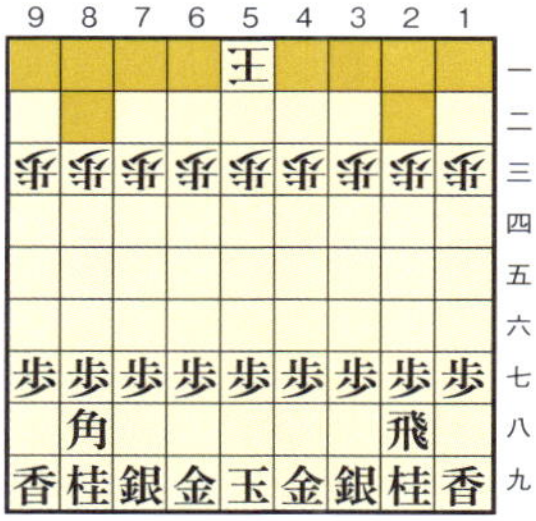

戦《せん》法《ぽう》のいろいろ

古《ふる》くから将棋《しょうぎ》を愛《あい》する人《ひと》たちによって、さまざまな戦法《せんぽう》が考案《こうあん》、くふうされてきました。そしていまもなお、新《あたら》しい戦法《せんぽう》が生《う》みだされています。ここで、おもなものを紹介《しょうかい》してみましょう。

多《おお》くの戦法《せんぽう》は、飛車《ひしゃ》の位置《いち》で「居飛車《いびしゃ》」と「振《ふ》り飛車《びしゃ》」の２つに大《おお》きくわけられます。

1居飛車戦法《いびしゃせんぽう》→飛車《ひしゃ》が盤《ばん》の右側《みぎがわ》（１～４筋《すじ》）にいる戦法《せんぽう》。

2振《ふ》り飛車戦法《びしゃせんぽう》→飛車《ひしゃ》が盤《ばん》の中央《ちゅうおう》から左《ひだり》（５～８筋《すじ》）に動《うご》く戦法《せんぽう》。

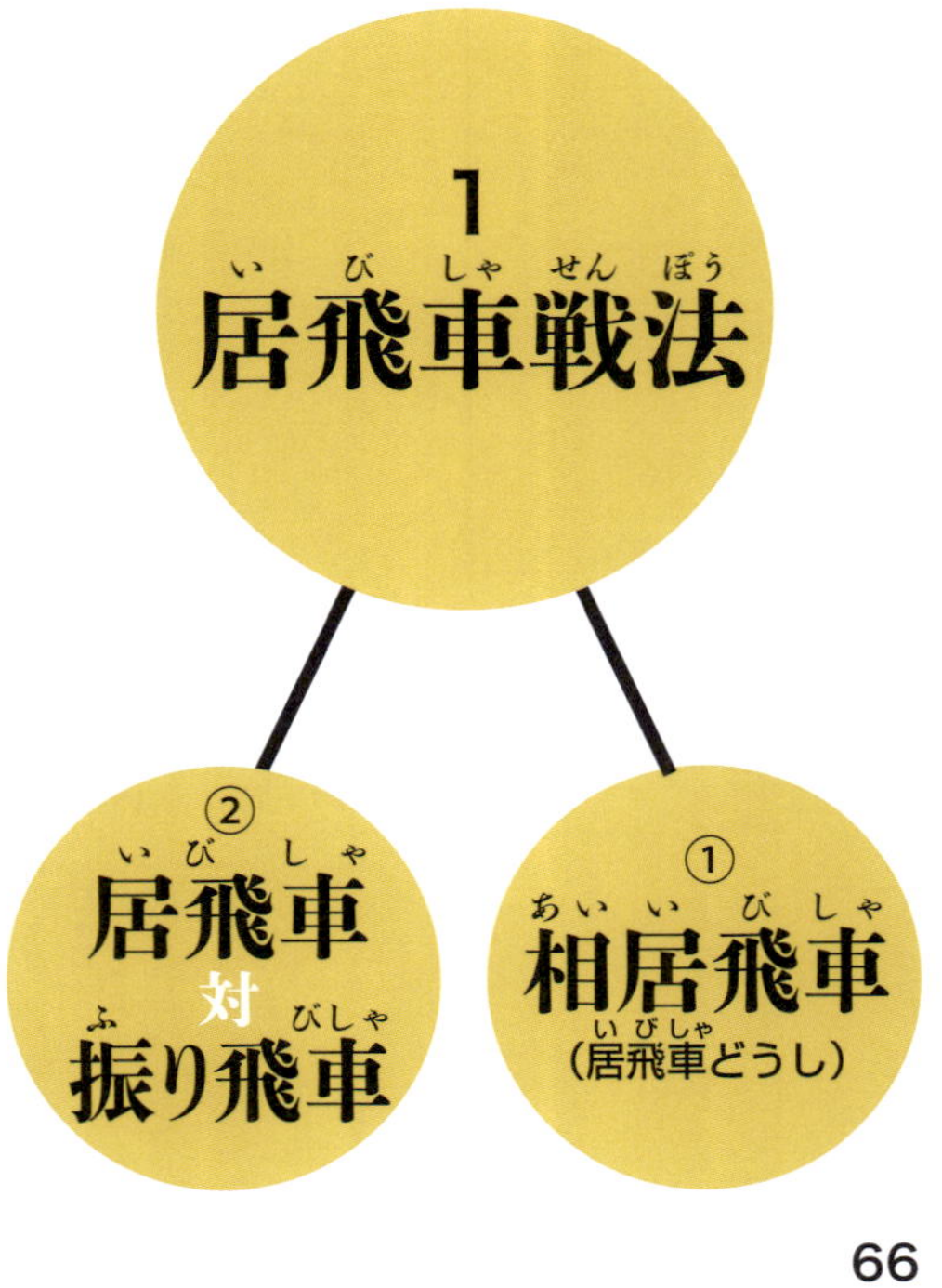

飛車《ひしゃ》が１～４筋《すじ》のあいだなら、居飛車戦法《いびしゃせんぽう》といいます。

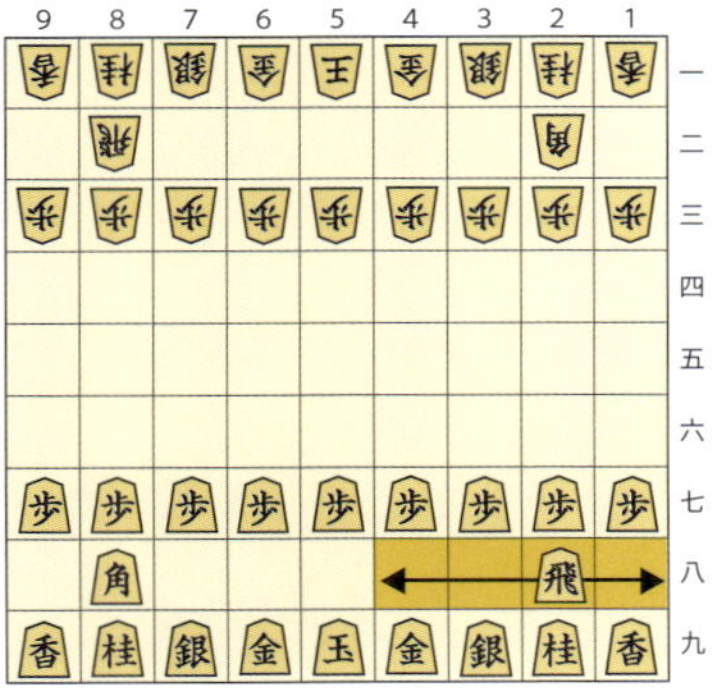

さらに、対局相手《たいきょくあいて》が居飛車《いびしゃ》か振《ふ》り飛車《びしゃ》かで、つぎの4つにわかれます。

1・自分《じぶん》が居飛車《いびしゃ》、相手《あいて》も居飛車《いびしゃ》
2・自分《じぶん》が居飛車《いびしゃ》、相手《あいて》は振《ふ》り飛車《びしゃ》
3・自分《じぶん》が振《ふ》り飛車《びしゃ》、相手《あいて》は居飛車《いびしゃ》
4・自分《じぶん》が振《ふ》り飛車《びしゃ》、相手《あいて》も振《ふ》り飛車《びしゃ》

このうち2と3は、いっぽうが居飛車《いびしゃ》、いっぽうが振《ふ》り飛車《びしゃ》という形《かたち》は同《おな》じなので、

①相居飛車《あいいびしゃ》（居飛車《いびしゃ》どうし）
②居飛車《いびしゃ》対《たい》振《ふ》り飛車《びしゃ》
③相振《あいふ》り飛車《びしゃ》（振《ふ》り飛車《びしゃ》どうし）

という3つに整理《せいり》できます。

この①〜③グループに、それぞれこまかい戦法《せんぽう》があるわけです。ちなみに、54ページで紹介《しょうかい》した原始棒銀《げんしぼうぎん》は、①の相居飛車《あいいびしゃ》のグループに入《はい》ります。

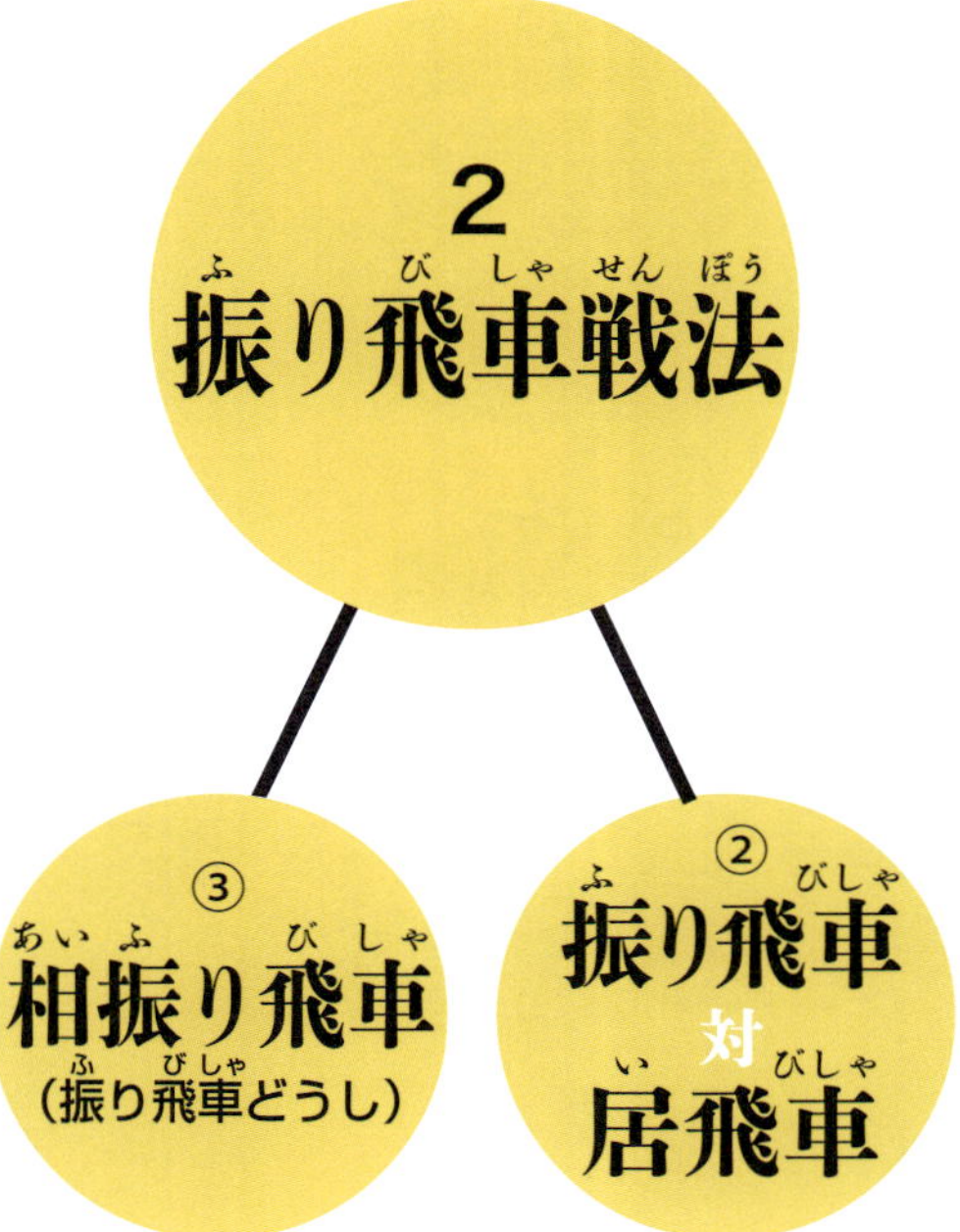

飛車《ひしゃ》が5〜8筋《すじ》のあいだなら、振《ふ》り飛車戦法《びしゃせんぽう》といいます。5筋《すじ》に行《い》けば中飛車《なかびしゃ》。6筋《すじ》は四間飛車《しけんびしゃ》。7筋《すじ》は三間飛車《さんけんびしゃ》。8筋《すじ》は向《む》かい飛車《びしゃ》と呼《よ》ばれます。

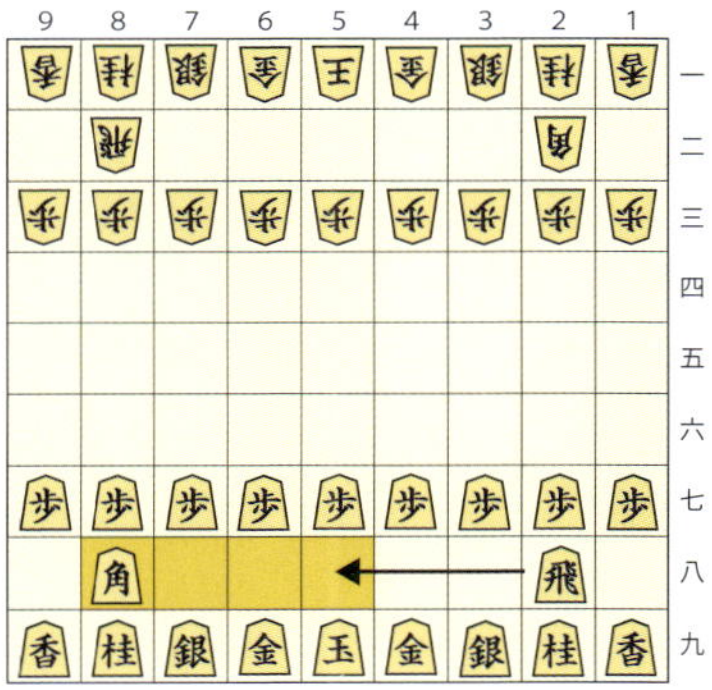

強《つよ》くなるための勉強法《べんきょうほう》

これから強《つよ》くなるための勉強方法《べんきょうほうほう》を教《おし》えます。つぎの5つを実行《じっこう》してみてください。

①やさしい詰《つ》め将棋《しょうぎ》をたくさん解《と》く

1～3手《て》詰《づ》め問題《もんだい》を、たくさん解《と》くこと。同《おな》じ問題《もんだい》を、日《ひ》をおいて何度《なんど》も解《と》いていると、やがて力《ちから》がつき、ぱっと正解《せいかい》が出《で》るようになります。

②将棋《しょうぎ》の本《ほん》を読《よ》む

できるだけ初心者用《しょしんしゃよう》の、やさしい本《ほん》を読《よ》みます。この本以外《ほんいがい》の、もう少しくわしく書《か》かれた入門書《にゅうもんしょ》などもいいでしょう。また、創元社《そうげんしゃ》から出《で》ている『子《こ》ども版《ばん》 将棋《しょうぎ》のルールを覚《おぼ》えた次《つぎ》に読《よ》む本《ほん》』

なども、入門書《にゅうもんしょ》のあとに読《よ》む本《ほん》として役《やく》だちます。

そのつぎに、いろんな戦法書《せんぽうしょ》を読《よ》んでいきます。54ページで紹介《しょうかい》した棒銀戦法《ぼうぎんせんぽう》（原始棒銀《げんしぼうぎん》）の本《ほん》は、ぜひ最初《さいしょ》の戦法《せんぽう》として読《よ》んでください。

③棋力《きりょく》が少《すこ》しだけ上《うえ》の人《ひと》と指《さ》す

「少《すこ》しだけ」というのが大切《たいせつ》。ちょっとの差《さ》なら、相手《あいて》の指《さ》し手《て》や考《かんが》えがわかり、勉強《べんきょう》になります。

④駒落《こまお》ち将棋《しょうぎ》をたくさん経験《けいけん》する

③の「棋力《きりょく》が少《すこ》しだけ上《うえ》の人《ひと》」がいないなら、積極的《せっきょくてき》に駒落《こまお》ちで指《さ》しましょう。強《つよ》くなってきたら、落《お》とされる駒《こま》も少《すこ》なくなって励《はげ》みになります。

⑤負《ま》けたらなぜかを考《かんが》える

最後《さいご》に大切《たいせつ》なこと。最初《さいしょ》は負《ま》けてばかりですが、それでイヤにならず、対戦相手《たいせんあいて》や見《み》ていた人《ひと》の意《い》見《けん》を聞《き》きましょう。どうすればよかったかを考《かんが》える、それがいい勉強《べんきょう》になるのです。

詰《つ》め将棋《しょうぎ》をやろう！

相手《あいて》の玉《ぎょく》を「このつぎに取《と》ってしまいますよ」という状態《じょうたい》まで追《お》い詰《つ》めることを「詰《つ》み」、ということは、50ページで書《か》きました。

この詰《つ》みのための勉強法《べんきょうほう》が「詰《つ》め将棋《しょうぎ》」です。相手《あいて》がいなくても、自分《じぶん》ひとりでいつでもできる、とてもいい勉強法《べんきょうほう》です。

詰《つ》め将棋《しょうぎ》では、「○手詰《てづ》め」と詰《つ》むまでの手数《てすう》が決《き》められ、その手数《てすう》で相手玉《あいてぎょく》を詰《つ》ませます。

ルールは71～72ページにまとめました。このルールにしたがって玉《ぎょく》を詰《つ》めます。答《こた》えがわからなかったら、**長《なが》いこと考《かんが》える必要《ひつよう》はなし。解答《かいとう》を見《み》**

てかまいません。

問題《もんだい》は一度《いちど》解《と》くだけでなく、**日《ひ》をおいて何度《なんど》も解《と》いてみましょう。**答《こた》えがぱっとうかぶようになったらしめたもの。詰《つ》める力《ちから》が身《み》についたのです。

1手詰《てづ》めが解《と》けるようになったら、3手詰《てづ》め、5手詰《てづ》めと、徐々《じょじょ》にむずかしい詰《つ》め将棋《しょうぎ》にもチャレンジしてみましょう。

詰《つ》め将棋《しょうぎ》には、つぎのようなルールがあります。

①あなたが攻《せ》め方《かた》で、かならず王手《おうて》で指《さ》します。

詰《つ》め手数《てすう》が何手《なんて》でも、指《さ》す手《て》はいつでも「王手《おうて》」が決《き》まり。王手《おうて》でない指《さ》し手《て》はダメですよ。

②あなたの駒《こま》は、盤上《ばんじょう》にあるあなたの駒《こま》と、持《も》ち駒《ごま》に書《か》いてある駒《こま》だけです。

もし盤《ばん》の右《みぎ》に、「持《も》ち駒《ごま》　なし」と書《か》いてあれば、将棋盤《しょうぎばん》にある駒《こま》だけを動《うご》かして詰《つ》めます。

詰《つ》め将棋《しょうぎ》の例《れい》

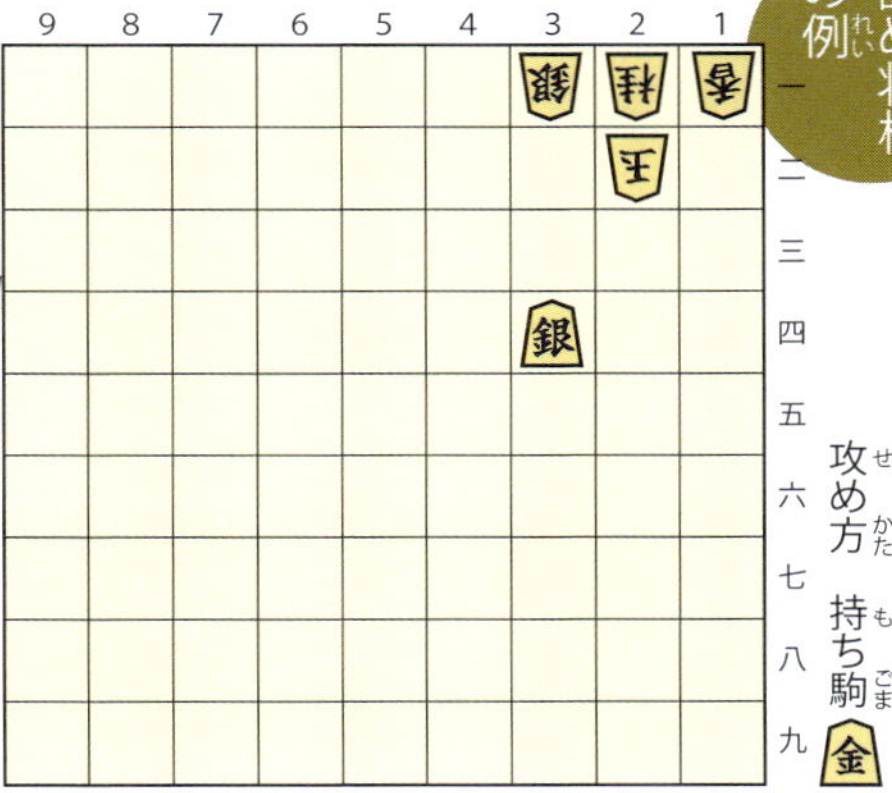

上《うえ》の詰《つ》め将棋《しょうぎ》は1手詰《てづ》めです。あなたは持《も》ち駒《ごま》に金《きん》を持《も》っているので、この金《きん》を打《う》って詰《つ》みます。どこに金《きん》を打《う》てばいいでしょうか？

答《こた》え

正解《せいかい》は☗2三金《きん》の1手詰《てづ》め。金《きん》のきいている範囲《はんい》は■の部《ぶ》分《ぶん》です。玉《ぎょく》はどこにも逃《に》げることができません。もちろん、玉《ぎょく》が金《きん》を取《と》れば銀《ぎん》で取《と》られますよ。

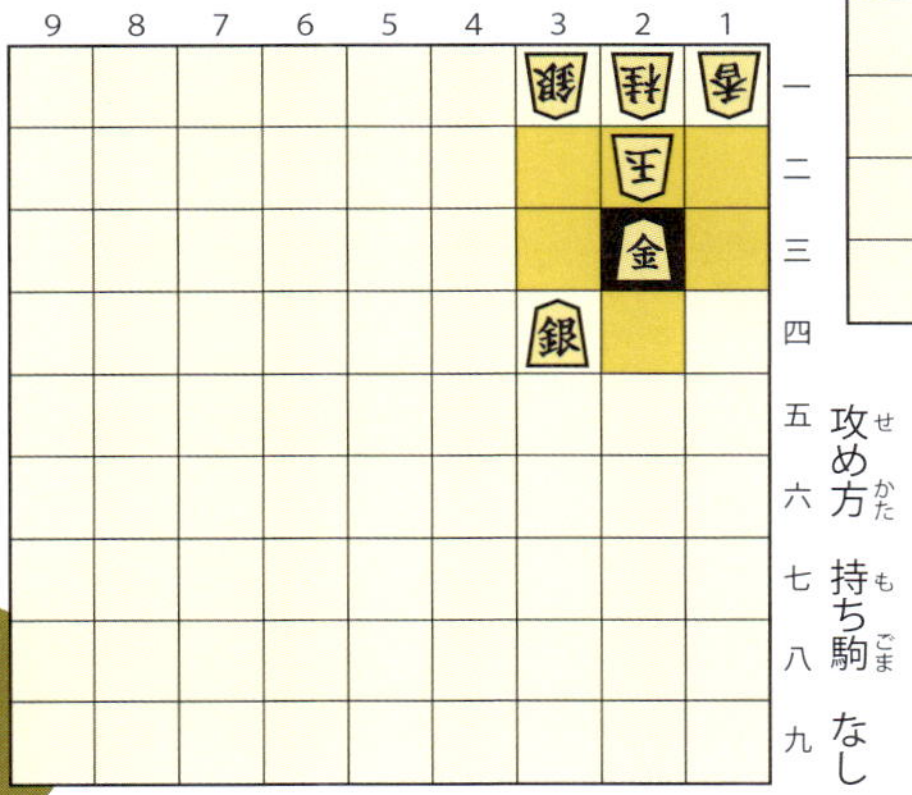

③もっとも短《みじか》い手順《てじゅん》で詰《つ》めます。また、駒《こま》があまらないように玉《ぎょく》を詰《つ》めなければなりません。

「1手詰《てづ》め」と問題《もんだい》にあれば、1手《て》で詰《つ》むようにできています。1手詰《てづ》めなのに3手《て》で詰《つ》めたり、持《も》ち駒《ごま》が残《のこ》って詰《つ》むのは正解《せいかい》ではありません。

④玉方《ぎょくがた》は手数《てすう》がのびるように逃《に》げます。

⑤玉方《ぎょくがた》は、盤上《ばんじょう》にある駒《こま》と、あなたの持《も》ち駒《ごま》以外《いがい》のほかの駒《こま》すべてを持《も》っています。

たとえば攻《せ》め方《かた》が「持《も》ち駒《ごま》 なし」なら、盤《ばん》にある玉方《ぎょくがた》の駒《こま》とあなたの駒以外《こまいがい》は、すべて玉方《ぎょくがた》が持《も》っていることになります。

⑥玉方《ぎょくがた》は、ムダな合駒《あいごま》を禁《きん》じられています。

手数《てすう》のばしのための合駒《あいごま》は、手数《てすう》に入《はい》りません。

つぎのページから、1手詰《てづ》めの詰《つ》め将棋《しょうぎ》を用意《ようい》しました。解《と》いてみましょう。がんばれ!

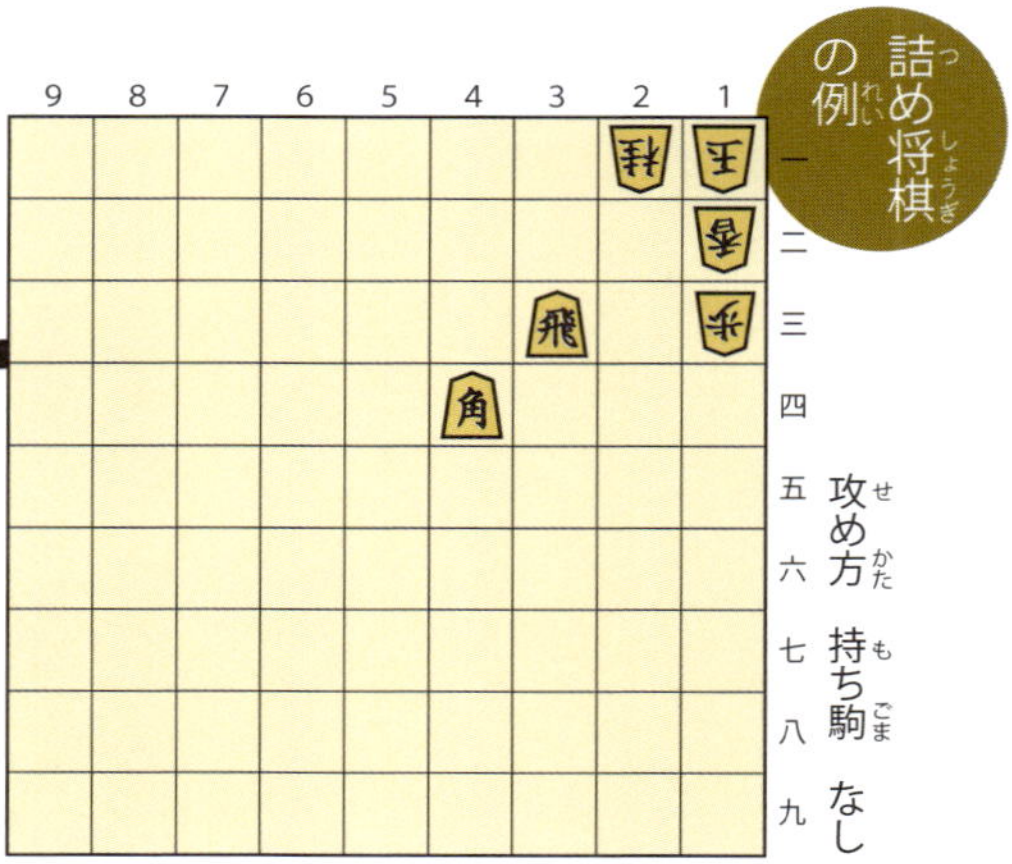

上《うえ》の詰《つ》め将棋《しょうぎ》は1手詰《てづ》めです。持《も》ち駒《ごま》は「なし」ですので、盤上《ばんじょう》の駒《こま》を動《うご》かして詰《つ》めます。どの駒《こま》を動《うご》かしたら詰《つ》みますか?

正解《せいかい》は☗3一飛成《ひなり》。飛車《ひしゃ》がいなくなったので、角《かく》が詰《つ》まします。玉方《ぎょくがた》が✕地点《ちてん》に歩《ふ》を打《う》っても、☗同角成《どうかくなり》と取《と》って詰《つ》みはかわりません。これが⑥のムダな合駒《あいごま》です。

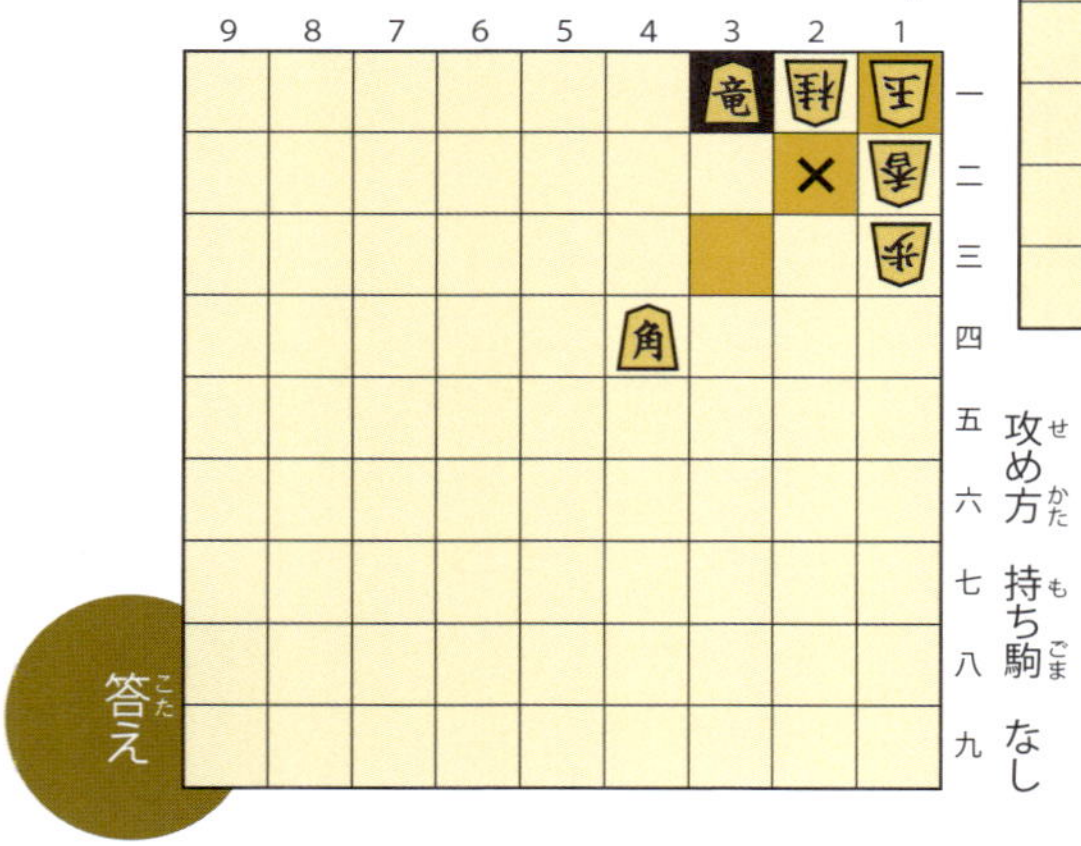

第《だい》1問《もん》（1手《て》詰《づ》め）

答《こた》えはつぎのページ

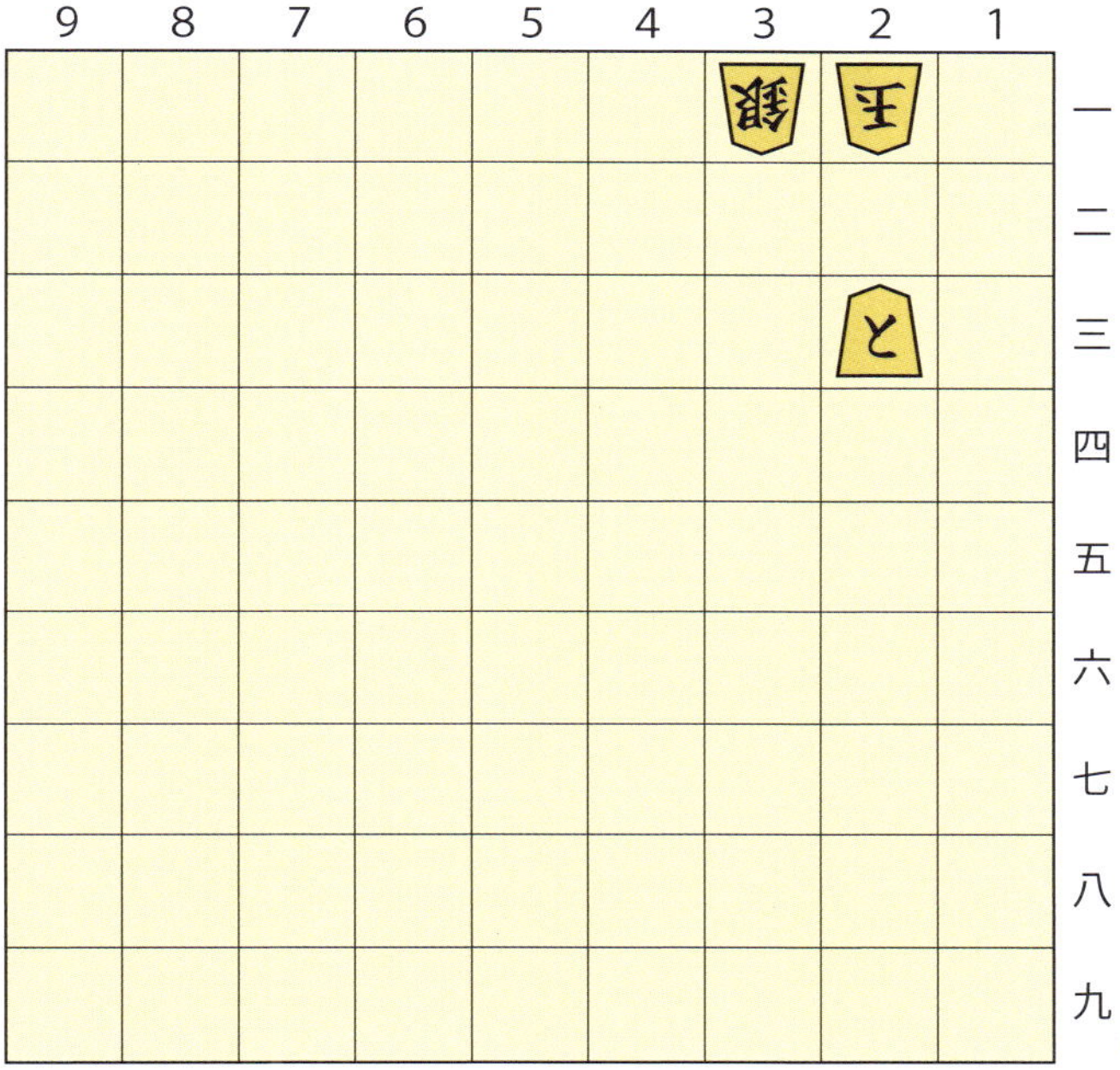

ヒント 持《も》ち駒《ごま》がありますから、この金《きん》をどこかに打《う》ってください。

攻《せ》め方《かた》 持《も》ち駒《ごま》 金

第《だい》2問《もん》（1手《て》詰《づ》め）

答《こた》えはつぎのページ

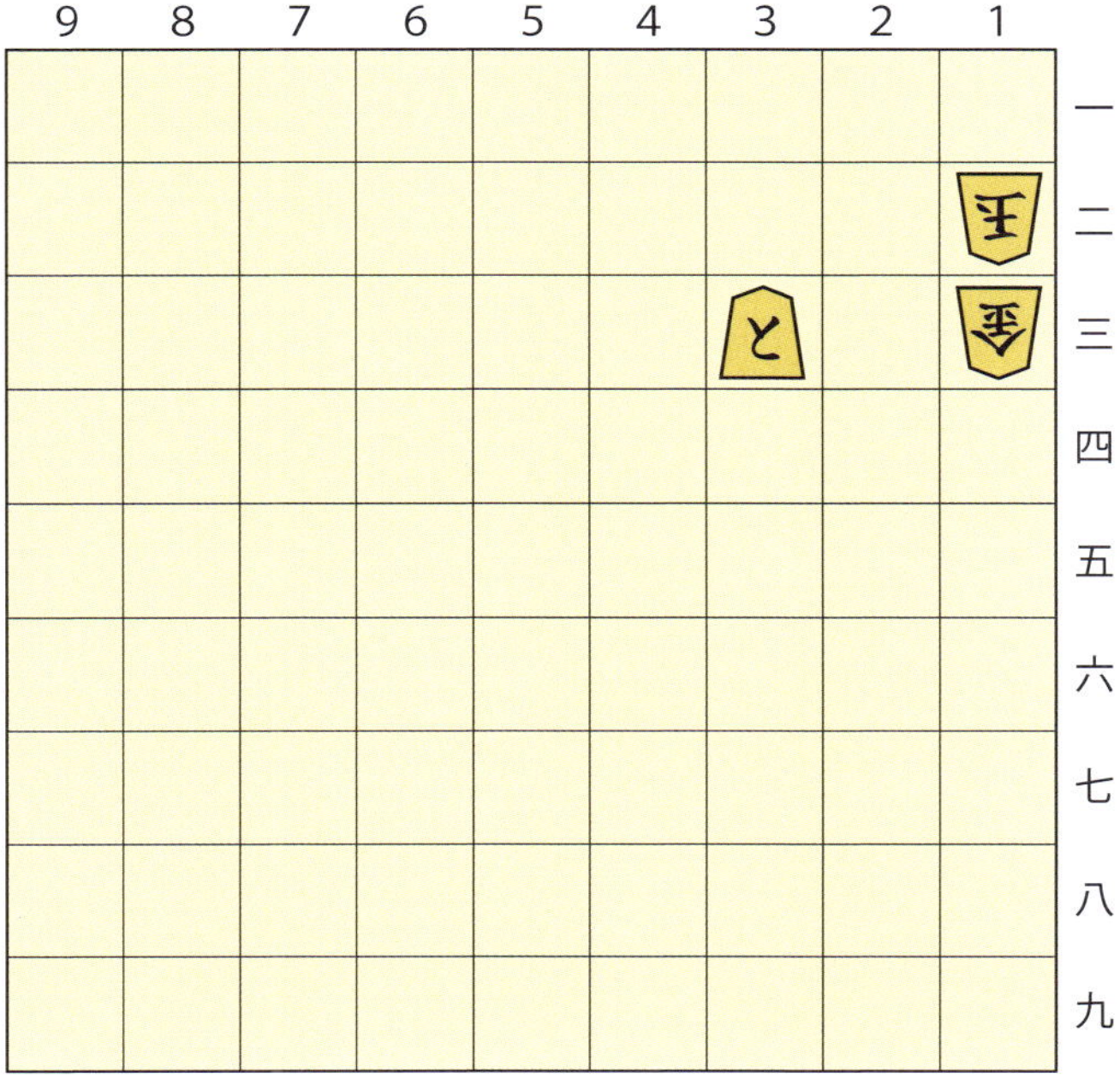

ヒント 持《も》ち駒《ごま》の金《きん》で王手をかけられる場所《ばしょ》は3か所《しょ》。どこに打《う》ったらいい？

攻《せ》め方《かた》 持《も》ち駒《ごま》 金

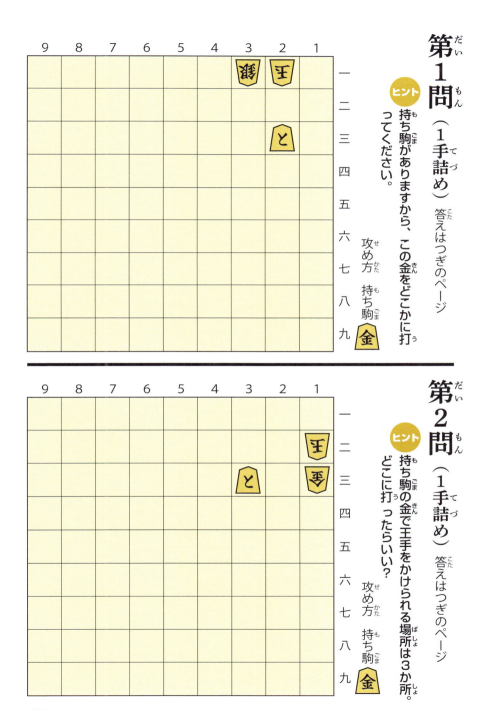

第《だい》1問《もん》の答《こた》え ▲1二金《きん》まで

1手詰《てづ》めで持《も》ち駒《ごま》があるときは、かならず持《も》ち駒《ごま》を使《つか》います。問題図《もんだいず》で持《も》ち駒《ごま》の金《きん》で王手《おうて》できるのは、1一と1二と2二と3二の4か所《しょ》。2二と3二に金《きん》を打《う》つのは、△同銀《どうぎん》と取《と》られて詰《つ》みません。1一も玉《ぎょく》で取《と》られます。正解《せいかい》は、▲1二金《きん》（詰《つ》めあがり図《ず》）で詰《つ》みです。玉《ぎょく》でこれを取《と》ると、2三のと金《きん》が玉《ぎょく》を取《と》るのは、わかりますよね。

【詰《つ》めあがり図《ず》は▲1二金《きん》まで】

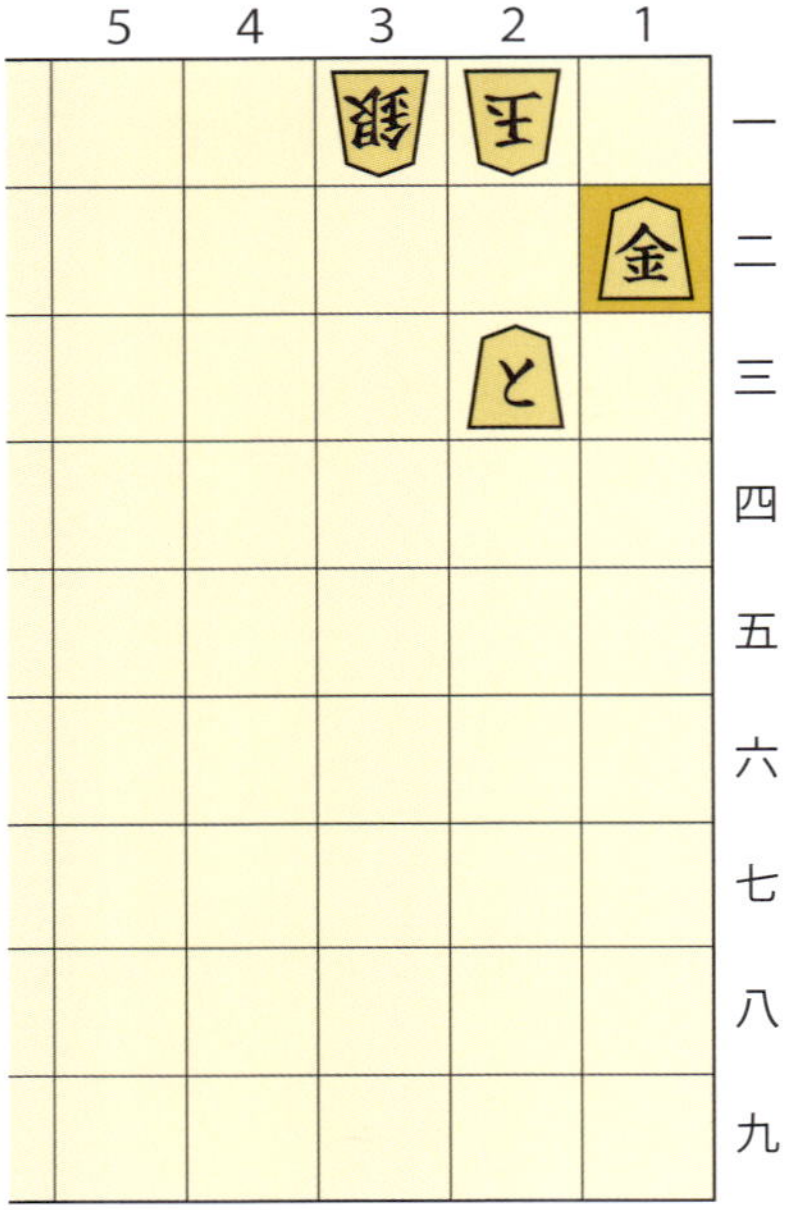

攻《せ》め方《かた》 持《も》ち駒《ごま》なし

第《だい》2問《もん》の答《こた》え ▲2二金《きん》まで

問題図《もんだいず》を見《み》ると、持《も》ち駒《ごま》の金《きん》を打《う》てるところは、1一と2二と2三の3か所《しょ》。まず1一は、玉《ぎょく》でただ取《と》られるだけですから、ダメなのはわかるでしょう。つぎに2三はどうでしょう？ これは△同金《どうきん》と取《と》られて詰《つ》みません。残《のこ》るは2二だけ。これが正解《せいかい》です。詰《つ》んでいますね。玉《ぎょく》で取《と》れば、こちらは3三のと金《きん》で取《と》ります。▲2二金《きん》（詰《つ》めあがり図《ず》）の1手詰《てづ》めです。

【詰《つ》めあがり図《ず》は▲2二金《きん》まで】

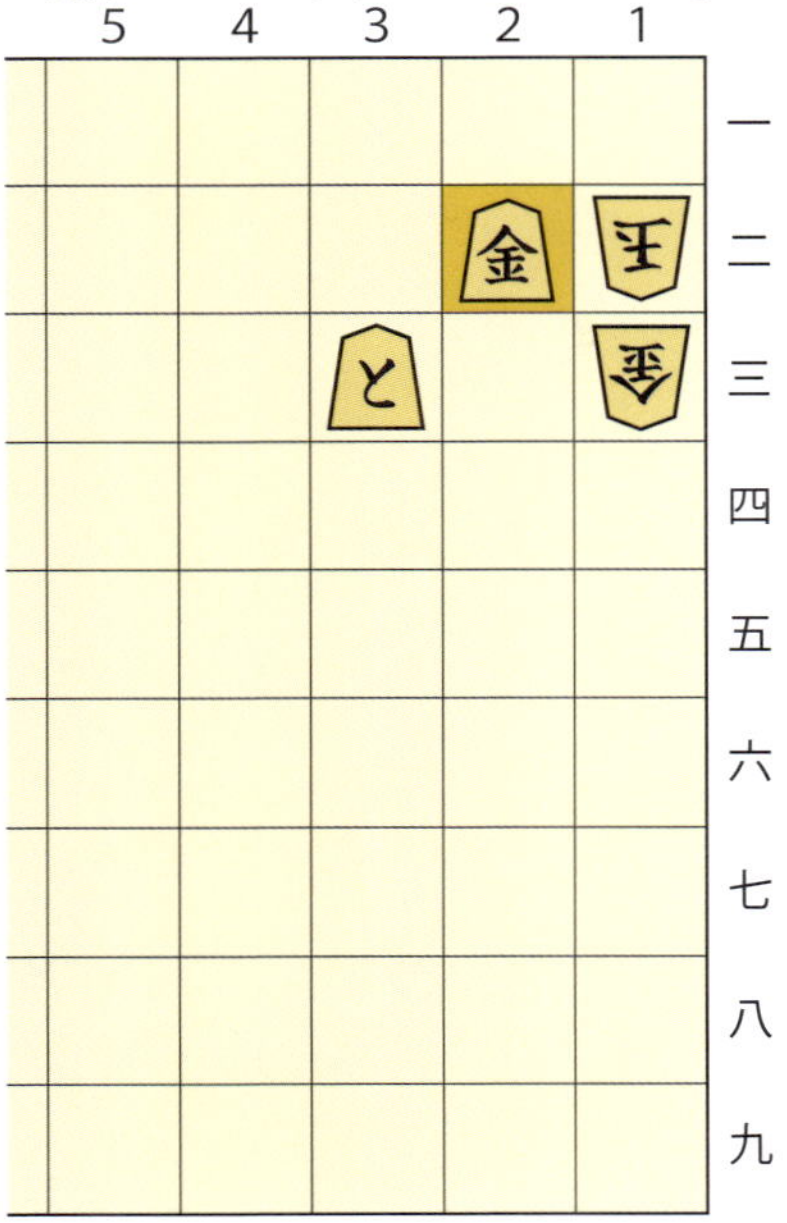

攻《せ》め方《かた》 持《も》ち駒《ごま》なし

第《だい》3問《もん》（1手《て》詰《づ》め）

答《こた》えはつぎのページ

ヒント 金《きん》を打《う》って王手《おうて》できる場所《ばしょ》はどこかな？

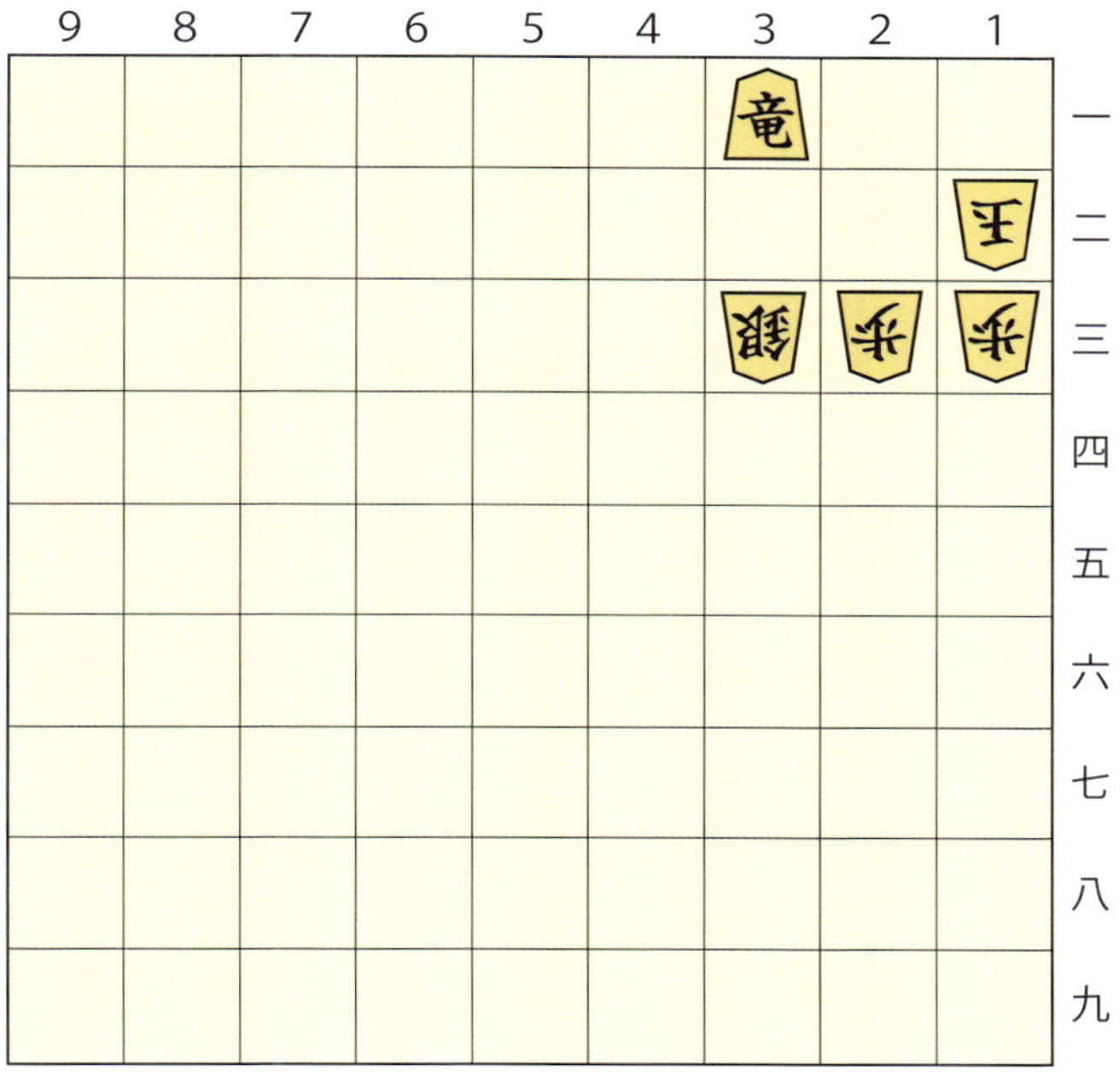

攻《せ》め方《かた》 持《も》ち駒《ごま》 金

第《だい》4問《もん》（1手《て》詰《づ》め）

答《こた》えは次《つぎ》のページ

ヒント 持《も》ち駒《ごま》の銀をどっちに打《う》つ？

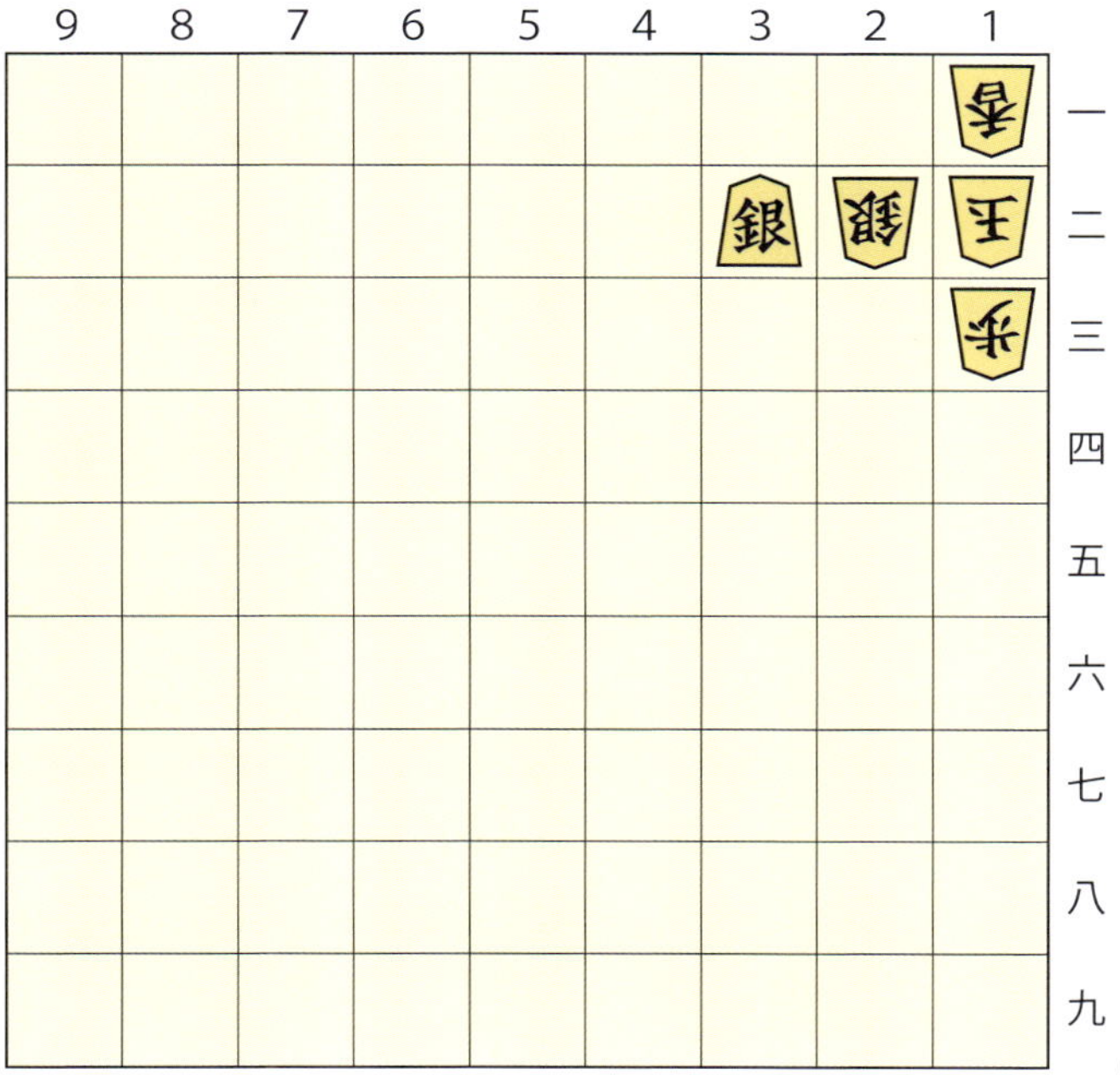

攻《せ》め方《かた》 持《も》ち駒《ごま》 銀

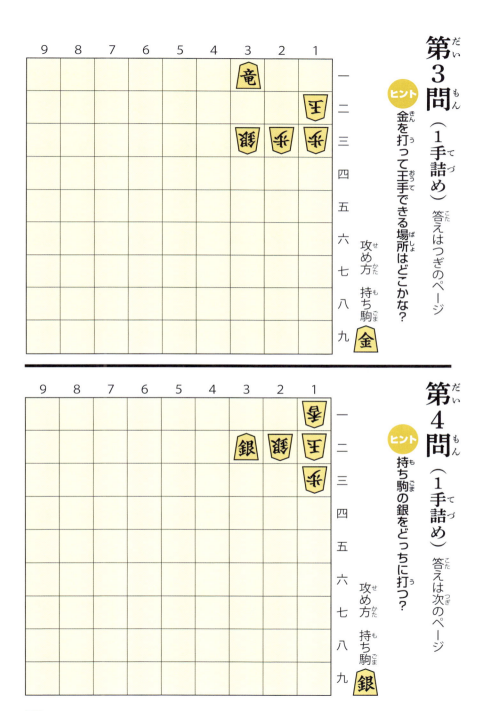

第《だい》3問《もん》の答《こた》え

▲1一金《きん》まで

問題図《もんだいず》を見《み》てください。持《も》ち駒《ごま》の金《きん》を打《う》って王手《おうて》できるところは、1一と2二の2か所《しょ》ですね。まず2二に打《う》ってみましょう。すると、玉方《ぎょくがた》の銀《ぎん》で取《と》られます。

正解《せいかい》は▲1一金《きん》（詰《つ》めあがり図《ず》）と、玉《ぎょく》の下《した》から打《う》ちます。ここなら玉《ぎょく》に取《と》られません。3一の竜《りゅう》がいます。

なお問題図《もんだいず》で▲3二竜《りゅう》と王手《おうて》するのは、2二に香《きょう》などを合駒《あいごま》されて、詰《つ》みません。

【詰《つ》めあがり図《ず》は▲1一金《きん》まで】

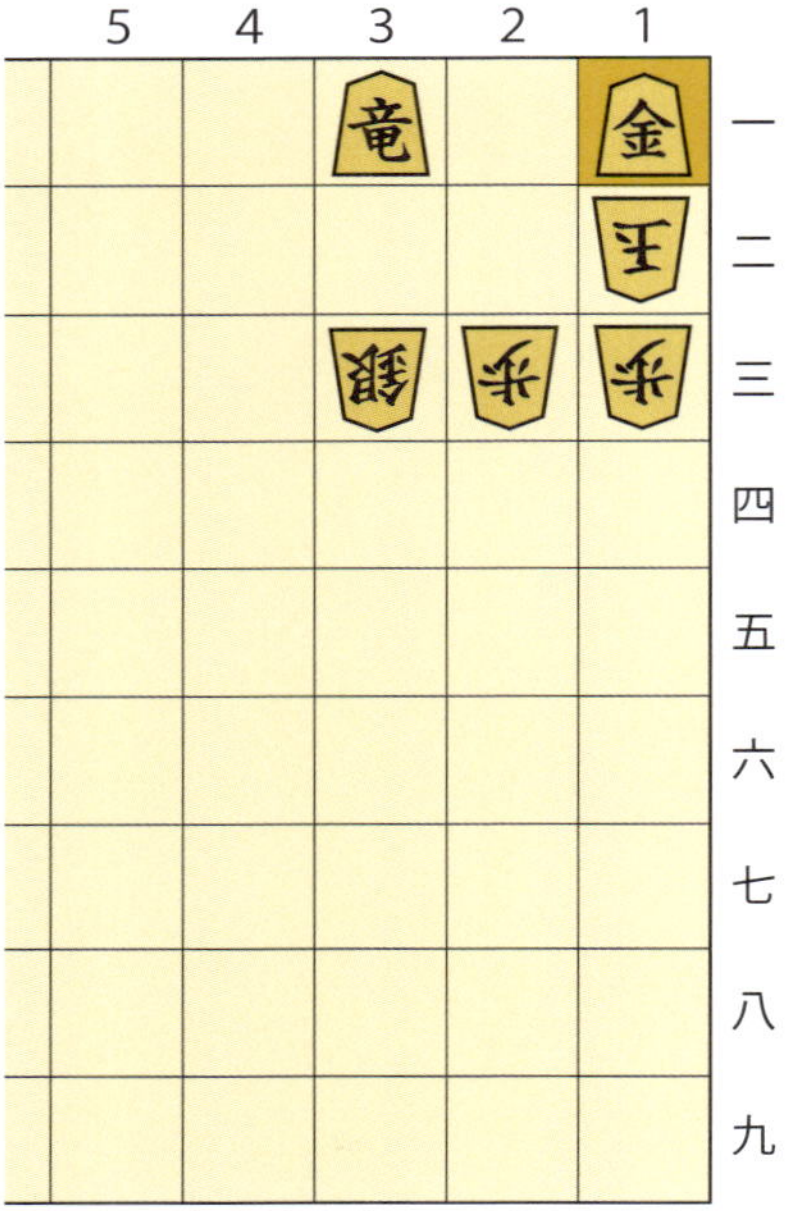

攻《せ》め方《かた》 持《も》ち駒《ごま》 なし

第《だい》4問《もん》の答《こた》え

▲2一銀打《ぎんうち》まで

問題図《もんだいず》では、銀《ぎん》の打《う》てる場所《ばしょ》は、2一と2三の2か所《しょ》。2三に打《う》つのは、玉方《ぎょくがた》の銀《ぎん》で取《と》られます。

正解《せいかい》は下《した》から打《う》つ▲2一銀打《ぎんうち》（詰《つ》めあがり図《ず》）です。ここなら銀《ぎん》で取《と》られることはありません。また3二にこちらの銀《ぎん》がいるので、玉《ぎょく》は2三には逃《に》げられません。

なお、解答手《かいとうて》では「打《うち》」と書《か》いてください。3二に銀《ぎん》がいるので、盤《ばん》の銀《ぎん》か持《も》ち駒《ごま》の銀《ぎん》かわからないからです。

【詰《つ》めあがり図《ず》は▲2一銀打《ぎんうつ》まで】

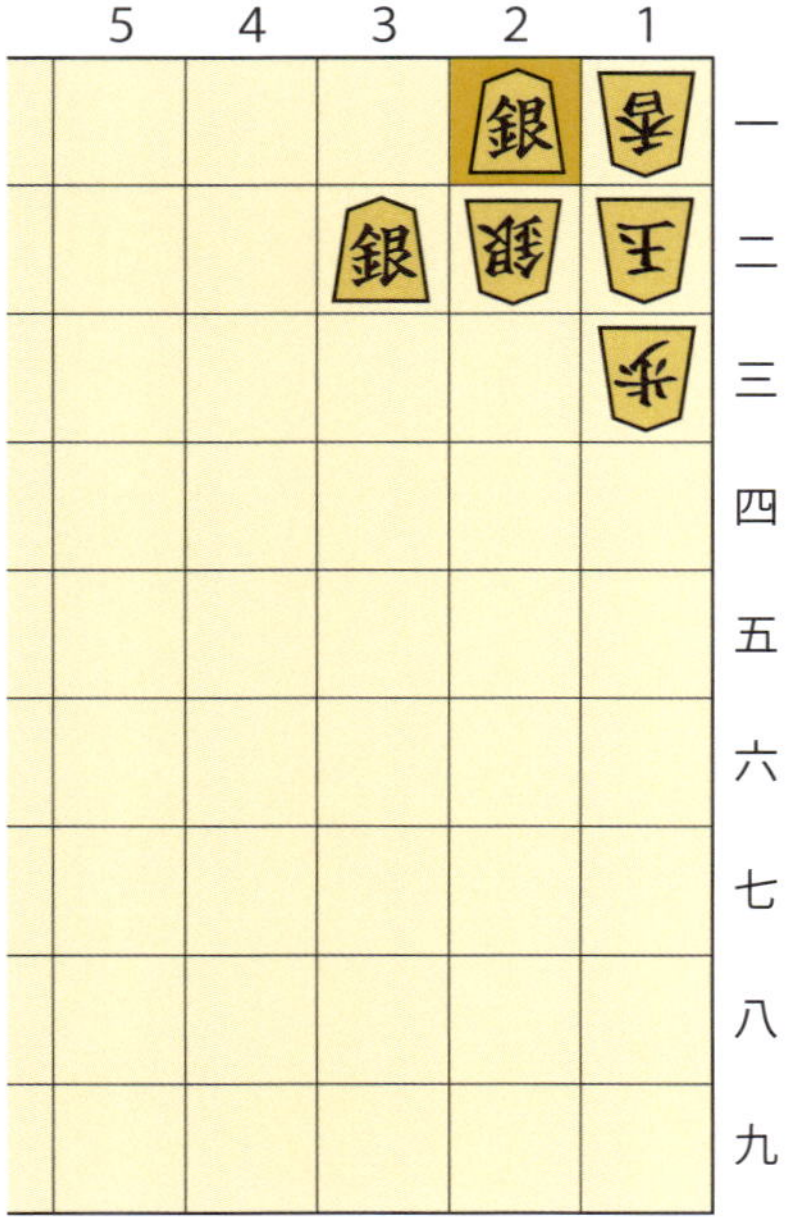

攻《せ》め方《かた》 持《も》ち駒《ごま》 なし

第《だい》5問《もん》（1手詰《てづ》め）

答《こた》えはつぎのページ

ヒント

持《も》ち駒《ごま》の香《きょう》を打《う》ちます。かんたんですね。

攻《せ》め方《かた》 持《も》ち駒《ごま》 香

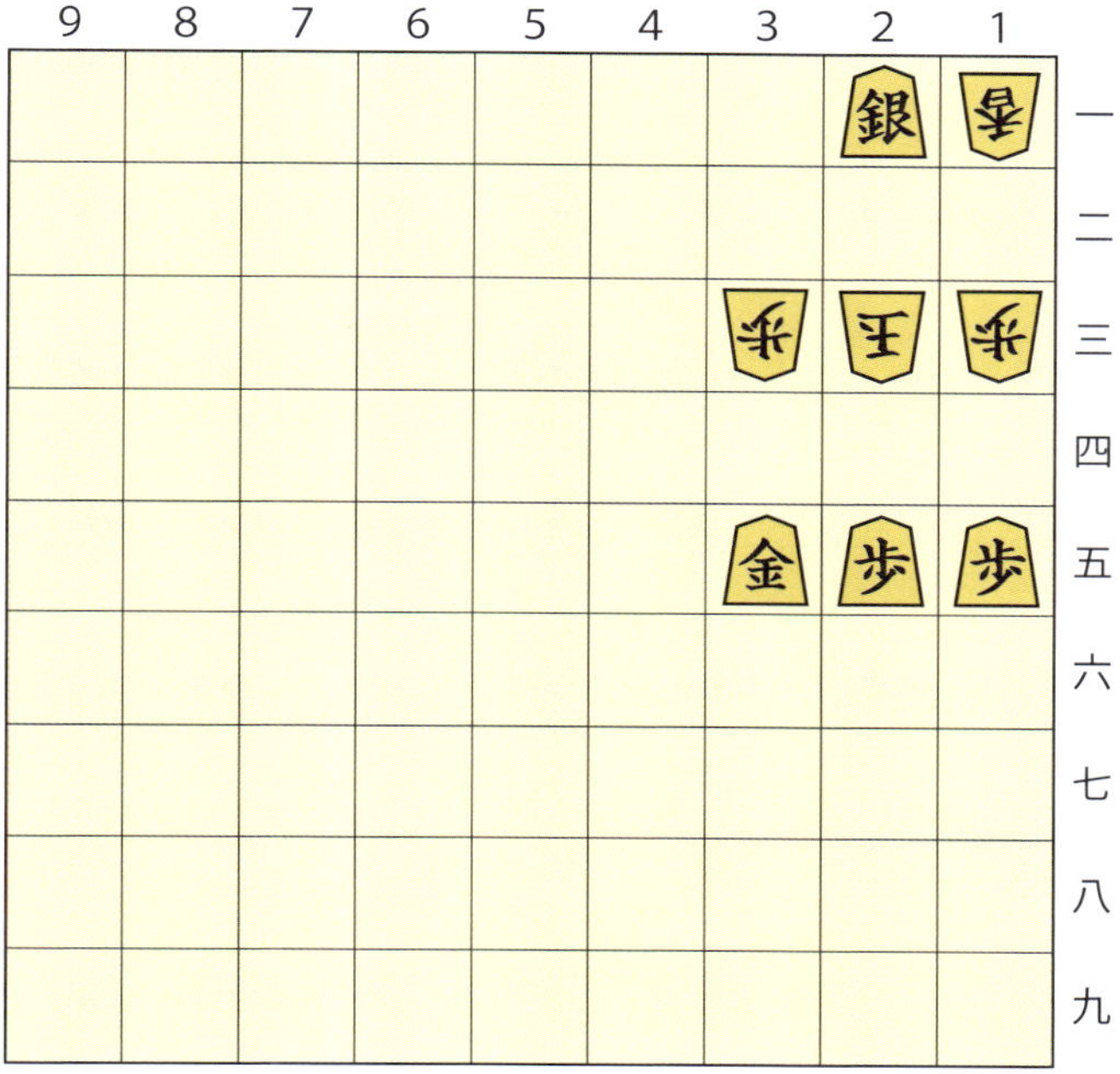

第《だい》6問《もん》（1手詰《てづ》め）

答《こた》えはつぎのページ

ヒント

持《も》ち駒《ごま》はないので、盤《ばん》の駒《こま》を動《うご》かします。

攻《せ》め方《かた》 持《も》ち駒《ごま》 なし

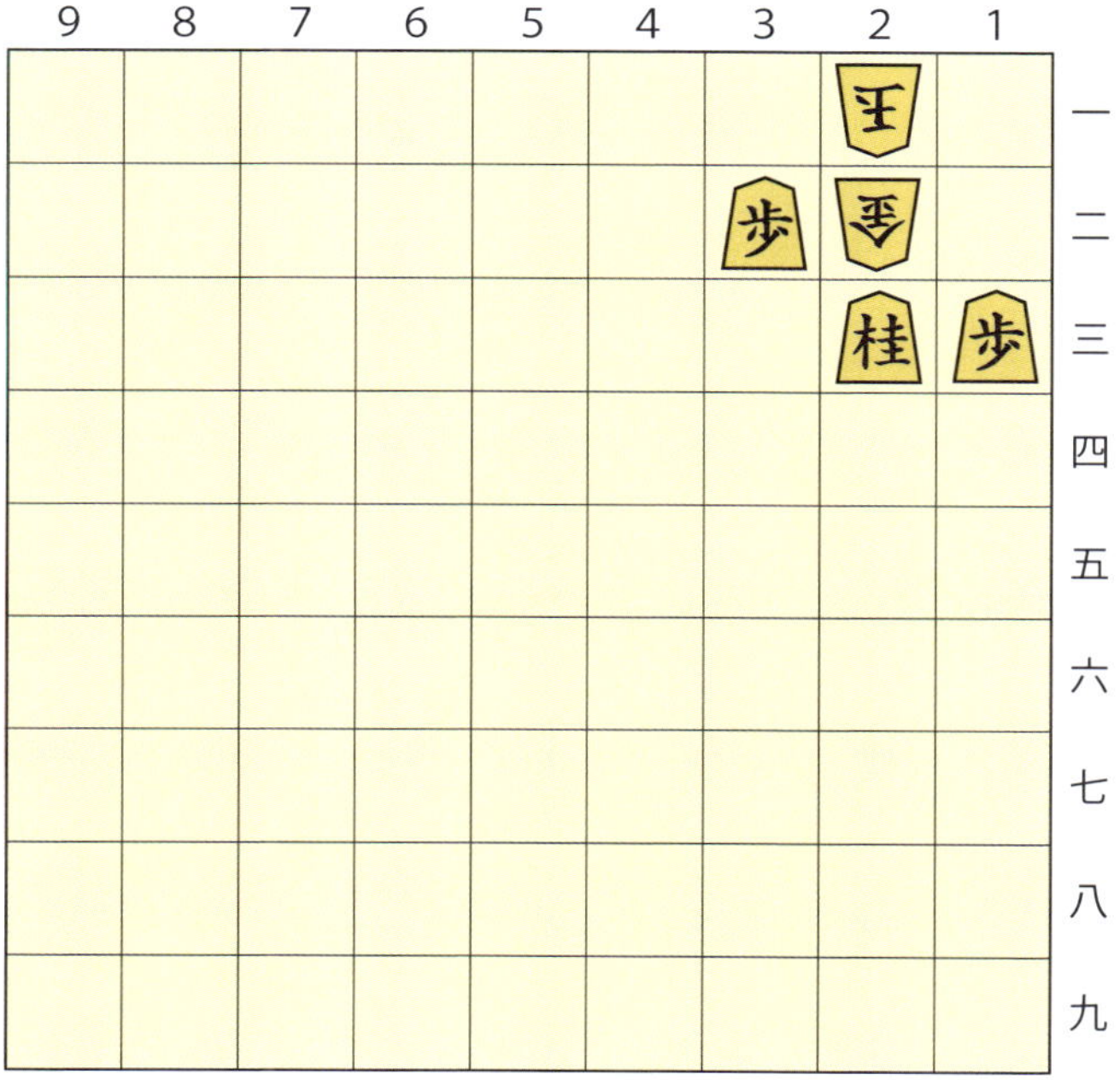

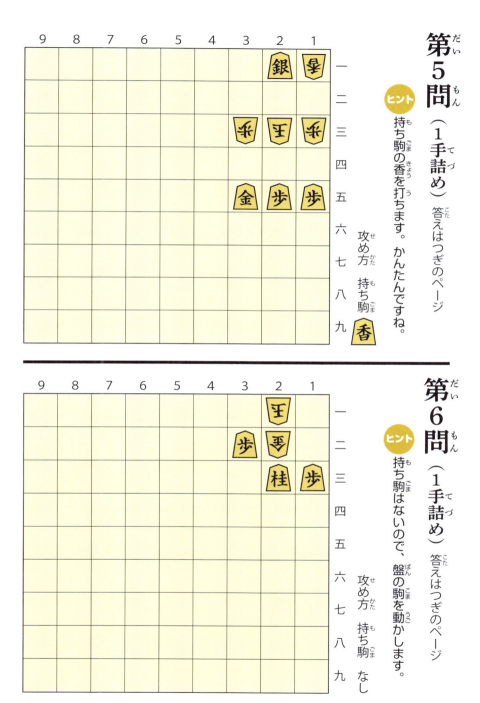

第《だい》5問《もん》の答《こた》え

☗2四香《きょう》まで

ズバリ☗2四香《きょう》（詰《つ》めあがり図《ず》）が正解《せいかい》です。香《きょう》を打《う》って王手《おうて》できるところは、ここだけですね。

1手詰《てづ》めなので、持《も》ち駒《ごま》の香《きょう》を打《う》つのはとうぜんですが、たとえば☗2四歩《ふ》や☗2四金《きん》は、☖2二玉《ぎょく》と逃《に》げられます。そこから☗2三香《きょう》と打《う》っても、☖3一玉《ぎょく》と逃《に》げられてしまいます。2二に逃《に》がさないのがポイントです。

香《きょう》のするどい性能《せいのう》を生《い》かした詰《つ》みでした。

【詰《つ》めあがり図《ず》は☗2四香《きょう》まで】

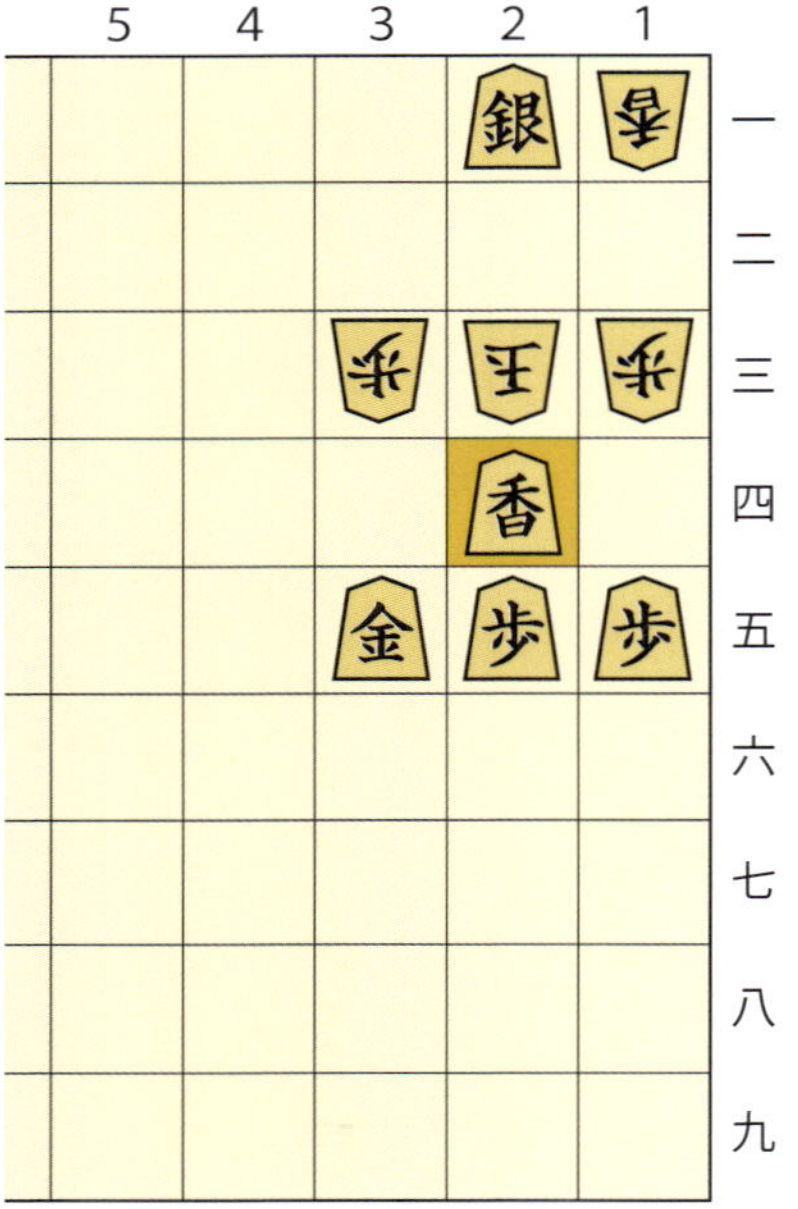

攻《せ》め方《かた》 持《も》ち駒《ごま》 なし

第《だい》6問《もん》の答《こた》え

☗3一歩成《ふなり》まで

持《も》ち駒《ごま》はないので、盤《ばん》の駒《こま》を動《うご》かして詰《つ》まします。王《おう》手《て》できる手《て》は、☗1二歩成《ふなり》、☗1一桂成《けいなり》、☗3一桂成《けいなり》、☗3一歩成《ふなり》の4つ。

☗1二歩成《ふなり》は、☖同玉《どうぎょく》でも☖同金《どうきん》でも取《と》られます。☗1一桂成《けいなり》は☖同玉《どうぎょく》。☗3一桂成《けいなり》は☖1一玉《ぎょく》でダメです。☗3一歩成《ふなり》（詰《つ》めあがり図《ず》）が正解《せいかい》。歩《ふ》が「と金《きん》」になって詰《つ》みです。桂《けい》がいるので1一には逃《に》げられません。

【詰《つ》めあがり図《ず》は☗3一歩成《ふなり》まで】

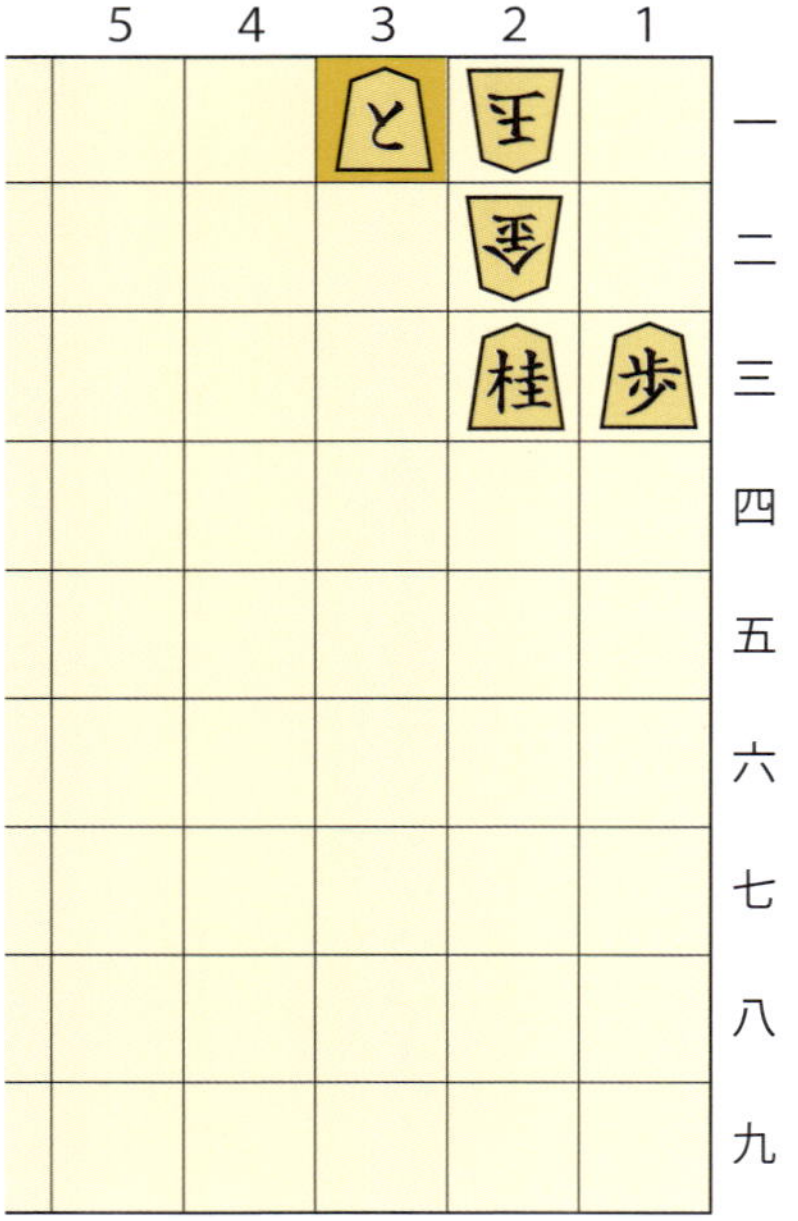

攻《せ》め方《かた》 持《も》ち駒《ごま》 なし

第《だい》7問《もん》（1手《て》詰《づ》め）

答《こた》えはつぎのページ

ヒント

持《も》ち駒《ごま》の飛《ひ》車《しゃ》をどこに打《う》つかです。

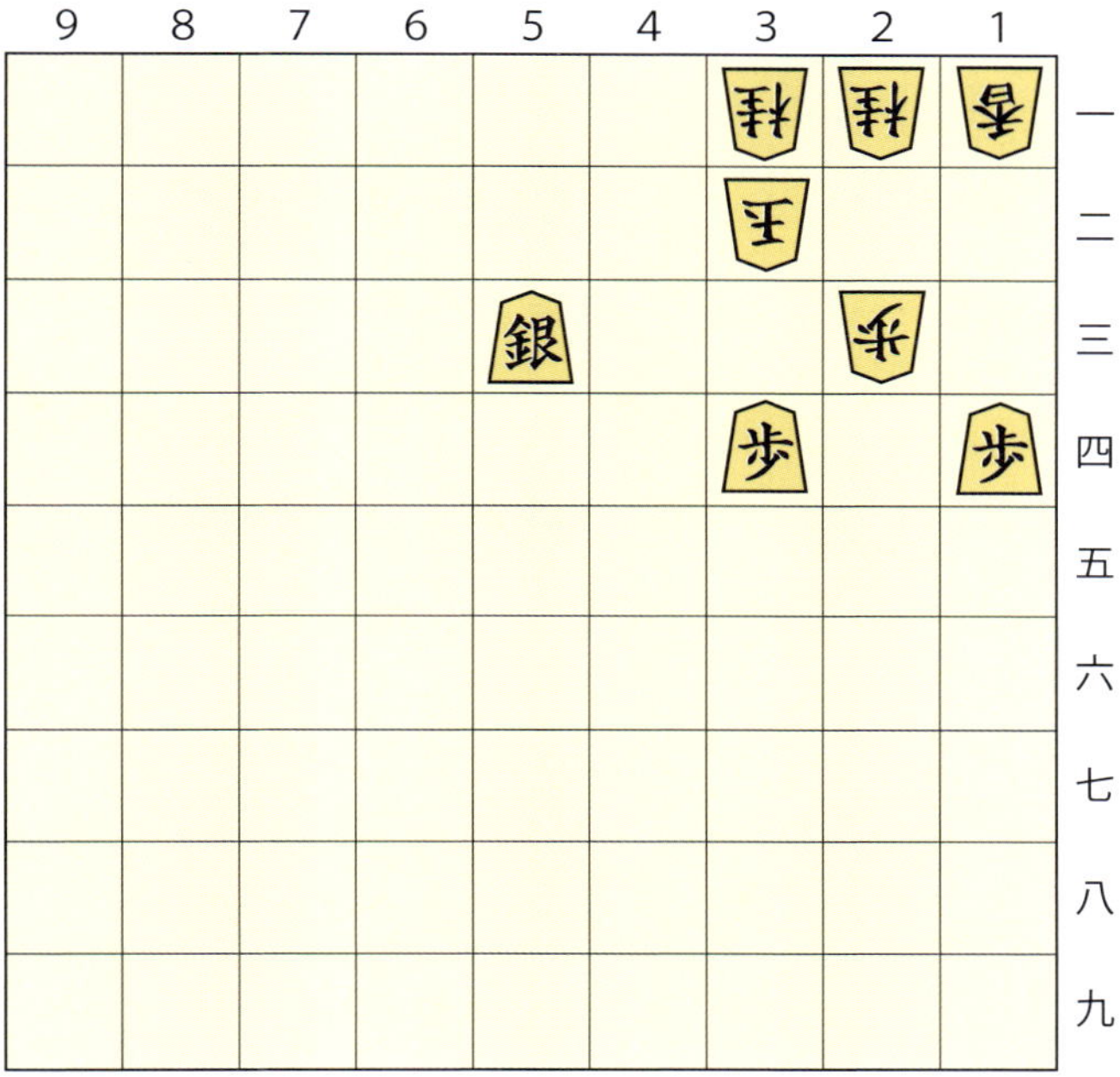

攻《せ》め方《かた》　持《も》ち駒《ごま》　飛

第《だい》8問《もん》（1手《て》詰《づ》め）

答《こた》えはつぎのページ

ヒント

持《も》ち駒《ごま》はないので、馬《うま》を動《うご》かします。ちょっとむずかしいぞ。

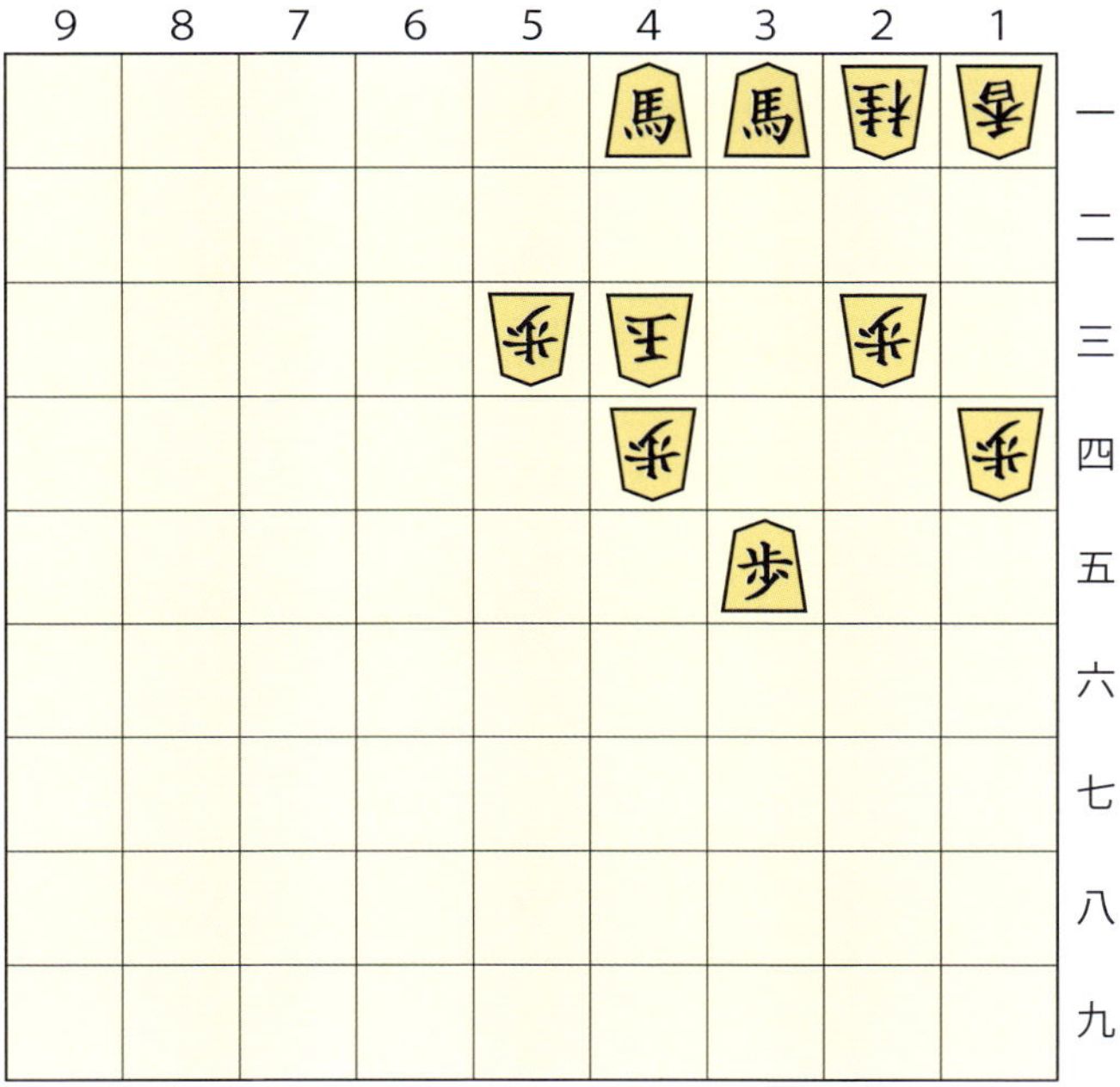

攻《せ》め方《かた》　持《も》ち駒《ごま》　なし

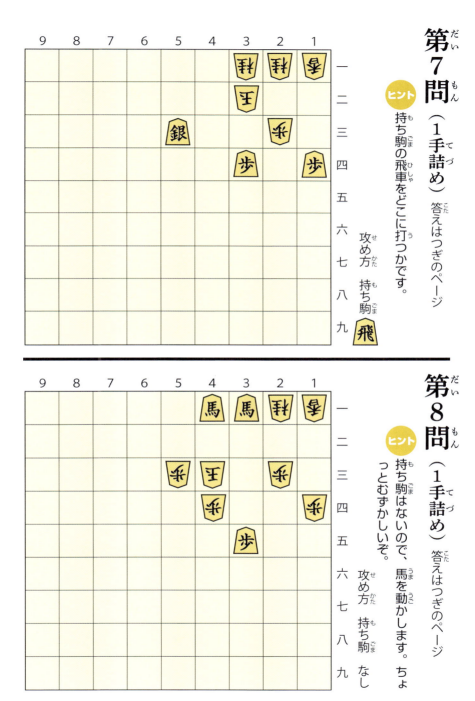

第《だい》7問《もん》の答《こた》え　☗4二飛まで

飛車《ひしゃ》を取《と》られないで王手《おうて》できるところは、４二、それに５二〜９二の場所《ばしょ》です。

☗３三飛《ひ》は、☖同桂《どうけい》と取《と》られます。また☗５二飛《ひ》などと、はなして打《う》つのはよい感覚《かんかく》ですが、☖４三玉《ぎょく》と逃《に》げられて詰《つ》みません。

☗４二飛《ひ》（詰《つ》めあがり図《ず》）と玉《ぎょく》にくっつけて打《う》てば、玉《ぎょく》はどこにも逃《に》げることはできず詰《つ》みです。

【詰《つ》めあがり図《ず》は☗4二飛《ひ》まで】

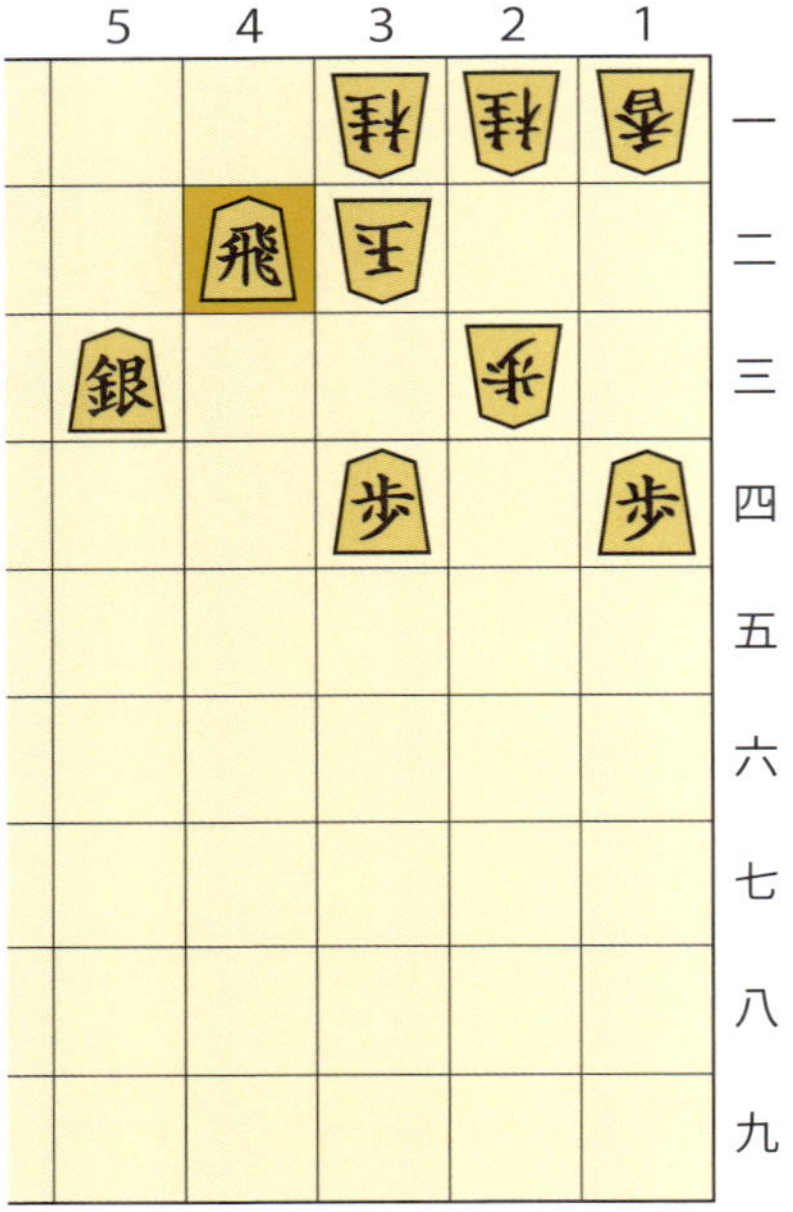

攻《せ》め方《かた》　持《も》ち駒《ごま》　なし

第《だい》8問《もん》の答《こた》え　☗3二馬右まで

馬《うま》が２枚《まい》あるので、どちらをどこに動《うご》かすかまよったと思《おも》います。正解《せいかい》は☗３二馬右《うまみぎ》（詰《つ》めあがり図《ず》）と、右《みぎ》の馬《うま》を動《うご》かします。馬《うま》の力《ちから》で、玉《ぎょく》を５四に逃《に》がしません。

どちらの馬《うま》でも４二へ動《うご》かすのは、☖５四玉《ぎょく》とひろいほうへ逃《に》げられて詰《つ》みません。また☗３二馬左《うまひだり》は、☖５二玉《ぎょく》と逃《に》げられます。なお、欲《よく》ばって☗２一馬《うま》と桂《けい》を取《と》るのは、☖３三玉《ぎょく》で逃《に》げられます。

【詰《つ》めあがり図《ず》は☗3二馬右《うまみぎ》まで】

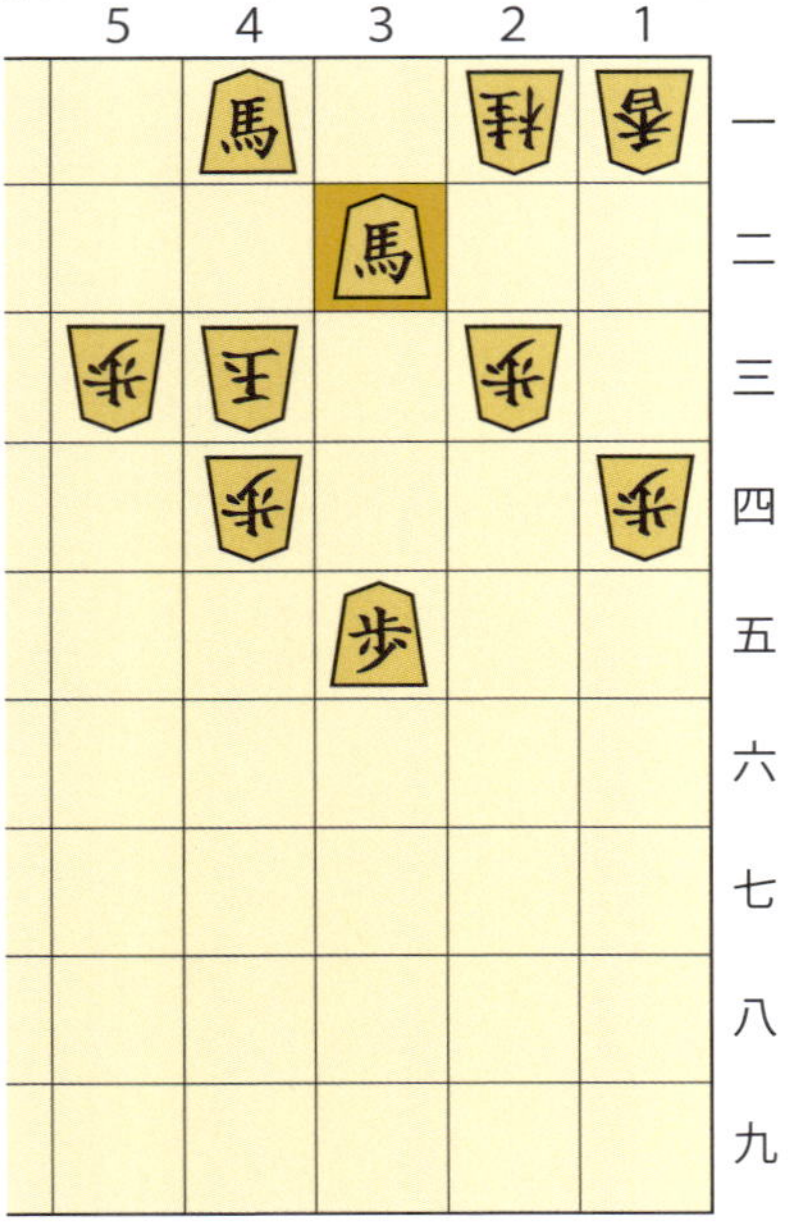

攻《せ》め方《かた》　持《も》ち駒《ごま》　なし

将棋用語集《しょうぎようごしゅう》

将棋《しょうぎ》には独自《どくじ》のことばがあります。ここでは基本的《きほんてき》なことばを選《えら》んで解《かい》説《せつ》しましたので、おぼえましょう。

●合駒（あいごま）
離《はな》れた位置《いち》から飛角香《ひかくきょう》で王手《おうて》をかけられたとき、玉《ぎょく》とのあいだに打《う》つ駒《こま》。

●居玉（いぎょく）
最初《さいしょ》に駒《こま》を並《なら》べた位置《いち》から、そのまま動《うご》かないでいる玉《ぎょく》。

●一手詰め（いってづめ）
つぎの手《て》で詰《つ》む形《かたち》。

●受け（うけ）
相手《あいて》の攻撃《こうげき》にたいする、守《まも》りの手《て》。

●上手（うわて）
駒落《こまお》ち将棋《しょうぎ》で、駒《こま》を落《お》とす側《がわ》。反対語《はんたいご》⇩下手《したて》

●王手（おうて）
相手玉《あいてぎょく》を取《と》りにいくこと。

●囲い（かこい）
玉《ぎょく》を守《まも》る目的《もくてき》で、複数《ふくすう》の駒《こま》で作《つく》る陣形《じんけい》。

●感想戦（かんそうせん）
対局《たいきょく》のあとに、たがいの手《て》を検討《けんとう》して感想《かんそう》を言《い》い合《あ》うこと。

●棋譜（きふ）
対局《たいきょく》で、駒《こま》がどう動《うご》いたかの記録《きろく》。

●棋戦（きせん）タイトル戦ともいう、将棋《しょうぎ》の称号《しょうごう》をあらそう戦《たたか》い。タイトル戦には名人戦《めいじんせん》、竜王戦《りゅうおうせん》などがある。

●急戦（きゅうせん）
指《さ》しはじめて早《はや》いうちに、いきなり攻《せ》めて戦《たたか》いに入《はい》ること。反対語《はんたいご》⇩持久戦《じきゅうせん》

●局面（きょくめん）
対局《たいきょく》の形勢《けいせい》。盤面《ばんめん》の状態《じょうたい》。

●棋力（きりょく）
将棋《しょうぎ》の実力《じつりょく》。

●禁じ手（きんじて）
やると即負《そくま》けになる、ルールで禁《きん》じられた手《て》。

●下段（げだん）
自陣《じじん》のいちばん手前《てまえ》の段《だん》。後手《ごて》なら一段目《だんめ》、先手《せんて》なら九段目《だんめ》のことをいう。

●後手（ごて）
あとから指《さ》すほう。棋譜《きふ》では☖マーク。

●駒落ち（こまおち）
棋力《きりょく》に差《さ》がある相手《あいて》と指《さ》すとき、強《つよ》いほうが駒《こま》をへらす対戦法《たいせんほう》。

●駒得（こまどく）
駒《こま》を交換《こうかん》した結果《けっか》、駒《こま》の価値《かち》や枚数《まいすう》などで得《とく》をすること。反対語《はんたいご》⇩駒損《こまぞん》

●最善手（さいぜんしゅ）
その局面《きょくめん》にもっともふさわしい、いちばんよい手《て》。

●自陣（じじん）
自分《じぶん》の陣地《じんち》である、盤《ばん》の自分側《じぶんがわ》から数《かぞ》えて手前《てまえ》3つの段《だん》。反対語《はんたいご》⇩相手陣《あいてじん》

●下手（したて）
駒落《こまお》ち将棋《しょうぎ》で、駒《こま》を落《お》としてもらう側《がわ》。反対語《はんたいご》⇩上手《うわて》

●定跡（じょうせき）
これまで研究《けんきゅう》されて確立《かくりつ》した、決《き》まった駒《こま》の手順《てじゅん》・動《うご》き。

●終盤（しゅうばん）
対局《たいきょく》の流《なが》れを、はじめ、中間《ちゅうかん》、終《お》わりと大《おお》きく3つに分《わ》けたうちの、終《お》わりの段階《だんかい》。反対語《はんたいご》⇩序盤《じょばん》

●初手（しょて）
対局《たいきょく》の最初《さいしょ》の手《て》、第《だい》1手《て》。

●序盤（じょばん）
対局《たいきょく》のはじめの段階《だんかい》。終《お》わり近《ちか》くを終盤《しゅうばん》、序盤《じょばん》と終盤《しゅうばん》のあいだは中盤《ちゅうばん》という。反対語《はんたいご》⇩終盤《しゅうばん》

●筋（すじ）
将棋盤《しょうぎばん》の、縦《たて》のマス目《め》の数《かぞ》えかた。1筋《すじ》から9筋《すじ》まである。

●攻め方（せめかた）
詰《つ》め将棋《しょうぎ》で、玉《ぎょく》を詰《つ》める側《がわ》（自分側《じぶんがわ》）。

●先手（せんて）
対局《たいきょく》で先《さき》に指《さ》すほう。☗マークであらわす。反対語《はんたいご》⇩後手《ごて》

●千日手（せんにちて）
1局《きょく》のあいだに、同《おな》じ局面《きょくめん》が4回《かい》あらわれ、指《さ》し直《なお》しか引《ひ》き分《わ》けになること。

●対局（たいきょく）
将棋《しょうぎ》を指《さ》すこと。

●段（だん）
将棋盤《しょうぎばん》の横《よこ》のマスの、数《かぞ》えかた。1段《だん》目《め》から九段目《だんめ》まである。

●中盤（ちゅうばん）
1局《きょく》の将棋《しょうぎ》の流《なが》れを3つに分《わ》けたうちの、中間部《ちゅうかんぶ》のこと。

●次の一手（つぎのいって）
ある局面《きょくめん》を取《と》りあげて、つぎにどう指《さ》すべきかを考《かんが》える問題《もんだい》。

●突く（つく）
歩《ふ》を進《すす》めること。歩《ふ》以外《いがい》の駒《こま》は「突《つ》く」とはいわない。

●詰み（つみ）
つぎにどう対応《たいおう》しても、玉《ぎょく》を取《と》られてしまう状態《じょうたい》のこと。

●手筋（てすじ）
その局面《きょくめん》でもっともよい指《さ》し手《て》。

●投了（とうりょう）
負《ま》けを認《みと》めて対局《たいきょく》を終《お》えること。

●成り（なり）
相手陣《あいてじん》に駒《こま》が入《はい》るなどして裏返《うらがえ》り、駒《こま》が昇格《しょうかく》すること。反対語《はんたいご》⇩不成《ならず》

●端歩（はしふ）
1筋《すじ》と9筋《すじ》、盤《ばん》の両《りょう》はしにある歩《ふ》。

●平手（ひらて）
駒《こま》を落《お》とさずに、全部《ぜんぶ》の駒《こま》がそろった状態《じょうたい》。対等《たいとう》に指《さ》すこと。

●持ち駒（もちごま）
相手《あいて》から取《と》って手《て》もとにおいている駒《こま》。

●寄せ（よせ）
終盤《しゅうばん》に、相手玉《あいてぎょく》を追《お》い詰《つ》めていくこと。

●読み（よみ）
頭《あたま》のなかで、局面《きょくめん》の先《さき》をいろいろ考《かんが》えること。

2章《しょう》

知《し》ると楽《たの》しい
棋士《きし》とその世界《せかい》

将《しょう》棋《ぎ》って昔《むかし》からある？

古代《こだい》インドに、チャトランガというゲームがありました。このゲームがひろまって、中国《ちゅうごく》をへて日本《にほん》につたわり、将棋《しょうぎ》となりました。

日本《にほん》の時代《じだい》でいえば、だいたい奈良時代《ならじだい》から平安時代《へいあんじだい》だそうですが、はっきりしたことはわかっていません。

でも、かなり昔《むかし》だとはいえますね。

これを裏《うら》づけるように、奈良県《ならけん》の興福寺《こうふくじ》というお寺《てら》で、平安時代《へいあんじだい》の将棋《しょうぎ》の駒《こま》が発見《はっけん》されました。日本《にほん》でもっとも古《ふる》い駒《こま》だそうです。

この時代《じだい》、すでに将棋《しょうぎ》があったわけです。やっぱり、ずいぶん昔《むかし》です。

いまとちがって、昔《むかし》は将棋《しょうぎ》にいくつか種類《しゅるい》がありました。駒《こま》が１３０枚《まい》もあり、２２５マスもある大《おお》きな盤《ばん》で指《さ》す「大将棋《だいしょうぎ》」や、駒《こま》が92枚《まい》の「中《ちゅう》将棋《しょうぎ》」、駒《こま》が42枚《まい》の「小将棋《しょうしょうぎ》」など。中将棋《ちゅうしょうぎ》は、室町時代《むろまちじだい》に流行《りゅうこう》したそうです。

将棋《しょうぎ》がつたわってすぐのころは、貴族《きぞく》やお坊《ぼう》さんなど、特別《とくべつ》の人《ひと》たちだけが指《さ》すゲームでした。やがて武士《ぶし》が力《ちから》を持《も》つようになると、武士《ぶし》たちもこのんで指《さ》すようになりました。

江戸時代《えどじだい》になると、将棋好《しょうぎず》きだった将軍《しょうぐん》・徳川《とくがわ》家康《いえやす》は、将棋《しょうぎ》と囲碁《いご》を幕府公認《ばくふこうにん》のものとしました。将棋《しょうぎ》はますますさかんになり、武士《ぶし》だけでなく、町人《ちょうにん》たちにもひろがりました。

いまのように、だれでも将棋《しょうぎ》が楽《たの》しめるようになったわけです。

プロ棋士《きし》は何人《なんにん》いる?

プロ棋士《きし》というのは、日本将棋連盟《にほんしょうぎれんめい》の奨励会《しょうれいかい》（100ページにくわしく書《か》きました）を出《で》て、四段以上《だんいじょう》の段位《だんい》を持《も》っている人《ひと》のことです。

平成《へいせい》29年《ねん》12月《がつ》の時点《じてん》で、将棋連盟《しょうぎれんめい》のホームページにのっている現役棋士《げんえききし》は、つぎのとおり。

- タイトル保持者《ほじしゃ》　9人《にん》
- 九段《だん》　21人《にん》
- 八段《だん》　25人《にん》
- 七段《だん》　35人《にん》
- 六段《だん》　32人《にん》
- 五段《だん》　24人《にん》
- 四段《だん》　16人《にん》

これを合計《ごうけい》すると、１６２人《にん》。

この１６２人《にん》だけしか、プロ棋士《きし》はいません。

日本《にほん》の人口《じんこう》は、約《やく》１億《おく》２千万人《せんまんにん》だそうです。

そのなかの、たった１６２人《にん》。どうですか？

将棋《しょうぎ》の棋士《きし》がいかに少《すく》ないかわかるでしょう。

これは、プロ棋士《きし》になる条件《じょうけん》がとてもきびしく、１年《ねん》で４人《にん》しかプロになれないようになっているからです。

おまけに引退制度《いんたいせいど》があって、成績《せいせき》がふるわず、決《き》まったレベルに何年《なんねん》たってももどれないと、引退《いんたい》しなくてはいけません。

言《い》いかえれば、こうしたきびしさをのりこえた、すごい人《ひと》たちが、将棋《しょうぎ》のプロ棋士《きし》だともいえるでしょう。

プロ野球《やきゅう》選手《せんしゅ》とプロ棋士《きし》では、どちらが多《おお》くお金《かね》をもらえる？

プロ野球《やきゅう》の大谷翔平《おおたにしょうへい》選手《せんしゅ》、２０１７年《ねん》の年俸《ねんぽう》が２億《おく》７千万円《せんまんえん》だそうです。年俸《ねんぽう》とは、１年間《ねんかん》のお給料《きゅうりょう》です。ＣＭ《シーエム》の契約料《けいやくりょう》などもあるので、もらえるお金《かね》はもっとでしょう。すごいですね。

いっぽう将棋《しょうぎ》のプロ棋士《きし》で収入《しゅうにゅう》がトップなのは、羽生善治竜王《はぶよしはるりゅうおう》。２０１６年《ねん》の賞金《しょうきん》・対局料《たいきょくりょう》は９千《せん》１５０万円《まんえん》でした。

でもこの金額《きんがく》は、トップレベルの選手《せんしゅ》や棋士《きし》の場合《ばあい》です。では、一般《いっぱん》の選手《せんしゅ》や棋士《きし》はどうでしょう。

プロ野球選手《やきゅうせんしゅ》の１年《ねん》のお給料《きゅうりょう》は、全員《ぜんいん》を平均《へいきん》して、２０１７年度《ねんど》で３千《せん》８２６万円《まんえん》。

棋士《きし》の収入《しゅうにゅう》は、金額《きんがく》が公開《こうかい》されていませんが、C級《きゅう》といういちばん下《した》のクラスの若手棋士《わかてきし》で、だいたい年収《ねんしゅう》７００〜８００万円《まんえん》だそうです。

こうした数字《すうじ》をくらべると、プロ野球選手《やきゅうせんしゅ》のほうがたくさんお金《かね》をもらっています。

ただ棋士《きし》は、たくさんお金《かね》をもらいたいと思《おも》って将棋界《しょうぎかい》に入《はい》ったわけではありません。将棋《しょうぎ》が大《だい》好《す》きで、もっと勝《か》ちたい、もっと強《つよ》くなりたいと思《おも》って棋士《きし》になった人《ひと》たちです。

プロ野球選手《やきゅうせんしゅ》だって、野球《やきゅう》が好き、選手《せんしゅ》として活躍《かつやく》したいというのが、いちばんの理由《りゆう》だと思《おも》います。

たんに「いっぱいお金《かね》がほしいから、野球選手《やきゅうせんしゅ》になりたいな」という気持《きも》ちだと、選手《せんしゅ》になるのはちょっとたいへんかもしれませんね。

将棋連盟《しょうぎれんめい》って、なにをしているところ？

将棋連盟《しょうぎれんめい》って、聞《き》いたことありますか？
正式《せいしき》には、公益社団法人《こうえきしゃだんほうじん》・日本将棋連盟《にほんしょうぎれんめい》といい、将棋《しょうぎ》をひろめることを目的《もくてき》にした、プロ棋士《きし》と女《じょ》流棋士《りゅうきし》の集《あつ》まりのことです。

将棋連盟《しょうぎれんめい》がやっていることは、

★テレビやインターネットで、対局《たいきょく》を見《み》せる。
★新聞《しんぶん》や雑誌《ざっし》に、対局《たいきょく》の棋譜《きふ》をのせる。
★日本各地《にほんかくち》の将棋《しょうぎ》まつり、交流会《こうりゅうかい》などに棋士《きし》が出《で》むいて、ファンサービスをする。
★講習会《こうしゅうかい》でファンに将棋《しょうぎ》の指導《しどう》をする。

★外国《がいこく》へ将棋《しょうぎ》をひろめる。
★各地《かくち》の、将棋指導者《しょうぎしどうしゃ》を育《そだ》てる。
★アマチュアに段位《だんい》、級位《きゅうい》の認定《にんてい》を出《だ》す。
★将棋《しょうぎ》の本《ほん》やＤＶＤ《ディーブイディー》などを出《だ》す。
★将棋用品《しょうぎようひん》や棋士《きし》グッズを販売《はんばい》する。
などです。

ずいぶん、いろんなことをやっていますよね。

もちろん、棋士《きし》だけで、これらの仕事《しごと》をすべてやっているわけではありません。棋士《きし》を手助《てだす》けして、事務《じむ》をこなす職員《しょくいん》さんも、将棋連盟《しょうぎれんめい》にはたくさんいます。

将棋連盟《しょうぎれんめい》を運営《うんえい》するには、お金《かね》がかかります。

それは、タイトル戦《せん》の契約金《けいやくきん》、インターネットの対局《たいきょく》の中継料金《ちゅうけいりょうきん》、段位《だんい》を出《だ》す認定料《にんていりょう》、本《ほん》などの売《う》り上《あ》げ金《きん》などでまかなわれています。

将棋《しょうぎ》会館《かいかん》では棋士《きし》に会《あ》える？

将棋連盟《しょうぎれんめい》は、東京都渋谷区千駄ヶ谷《とうきょうとしぶやくせんだがや》に将棋会館《しょうぎかいかん》と、大阪市福島区福島《おおさかしふくしまくふくしま》に関西将棋会館《かんさいしょうぎかいかん》という、2つの建物《たてもの》を持《も》っています。

どちらも1階《かい》は売店《ばいてん》、2階《かい》に将棋道場《しょうぎどうじょう》があり、3階《かい》が事務室《じむしつ》、4～5階《かい》が対局室《たいきょくしつ》です。

売店《ばいてん》では、盤《ばん》・駒《こま》のほか、棋士《きし》の扇子《せんす》や手《て》ぬぐいといったグッズ、本《ほん》などを売《う》っていますし、2階《かい》の道場《どうじょう》や教室《きょうしつ》は自由《じゆう》に見学《けんがく》できます。

ただし、3階以上《かいいじょう》は一般《いっぱん》の人《ひと》は立《た》ち入《い》り禁止《きんし》。対局《たいきょく》をのぞいたりはできません。

棋士《きし》は、将棋会館《しょうぎかいかん》で対局《たいきょく》するので、

「もしかしたら、羽生《はぶ》さんに会《あ》えるかも！」

なんて、ワクワクしてやってくるファンもいます。

でも、残念《ざんねん》！　有名棋士《ゆうめいきし》に会《あ》えるチャンスは、あまりないのです。

もちろん、朝《あさ》、やってきた棋士《きし》を見《み》たりすることはあるでしょう。でもほんの一瞬《いっしゅん》ですよ。対局中《たいきょくちゅう》、棋士《きし》はずっと４～５階《かい》にとどまっていて、１～２階《かい》におりてきたりはしません。


もし、どうしてもプロ棋士《きし》に会《あ》いたいと思《おも》うなら、各地《かくち》でおこなわれる将棋《しょうぎ》まつりや、大会《たいかい》などに行《い》くのがいいでしょう。

夏休《なつやす》みなどは、将棋会館《しょうぎかいかん》で子《こ》どもむけの見学会《けんがくかい》も企画《きかく》されています。

どんなイベントがあるかは、将棋連盟《しょうぎれんめい》ホームページで、チェックしてみてください。

将《しょう》棋《ぎ》道《どう》場《じょう》ってどんなところ？

「将棋道場《しょうぎどうじょう》」の看板《かんばん》を、町《まち》で見《み》たことありませんか？　のぞいてみたいけど、でも、ちょっとこわい感《かん》じもするし…。近《ちか》づきにくいところですよね。将棋《しょうぎ》サロン、将棋《しょうぎ》クラブ、将棋《しょうぎ》センターといった名前《なまえ》も、将棋道場《しょうぎどうじょう》と同《おな》じです。

将棋道場《しょうぎどうじょう》には、盤《ばん》と駒《こま》がいくつも用意《ようい》されていて、料金《りょうきん》をはらえばいつでも対局《たいきょく》できます。料金《りょうきん》は平日《へいじつ》で、子《こ》どもが５００～１０００円ぐらい。

道場《どうじょう》では最初《さいしょ》に、カードに名前《なまえ》や連絡先《れんらくさき》、自分《じぶん》の棋力《きりょく》（まったくの初心者《しょしんしゃ》だとか、○級《きゅう》くらいとか具体的《ぐたいてき》に）を書《か》きます。道場《どうじょう》をやっている席主《せきしゅ》

さんは、それを見《み》て、あなたの棋力《きりょく》に合《あ》う相手《あいて》と対局《たいきょく》できるようにしてくれます。

まったくの初心者《しょしんしゃ》なら、指《さ》してみて棋力《きりょく》を判定《はんてい》してくれます。それによって、駒落《こまお》ちでも指《さ》してくれるので心配《しんぱい》いりませんよ。

ようするに、身《み》ぢかに対局相手《たいきょくあいて》がいない人《ひと》に、相手《あいて》を紹介《しょうかい》してくれるのが将棋道場《しょうぎどうじょう》なわけです。


また道場《どうじょう》ではなく、「将棋教室《しょうぎきょうしつ》」もあります。こちらは対局相手《たいきょくあいて》を紹介《しょうかい》するというより、将棋《しょうぎ》をやさしく教《おし》えてくれるところです。

将棋道場《しょうぎどうじょう》がひらいている教室《きょうしつ》もあります。子《こ》どもだけを教《おし》える教室《きょうしつ》や、プロ棋士《きし》が指導《しどう》する教室《きょうしつ》など内容《ないよう》はいろいろ。とくに将棋連盟《しょうぎれんめい》に登録《とうろく》した、将棋普及員《しょうぎふきゅういん》がやっている教室《きょうしつ》は、将棋《しょうぎ》をひろめる目的《もくてき》なので、ていねいに教《おし》えてくれるでしょう。

「タイトル戦《せん》」ってなあに？

優勝者《ゆうしょうしゃ》に「竜王《りゅうおう》」「名人《めいじん》」などという称号《しょうごう》がつく棋戦《きせん》（将棋《しょうぎ》の戦《たたか》い）を、タイトル戦《せん》といいます。タイトルとは、称号《しょうごう》という意味《いみ》です。

現在《げんざい》、タイトル戦《せん》は8つ。左《ひだり》ページの表《ひょう》を見《み》てください。カッコいい称号《しょうごう》ばかりですよね。

タイトル戦《せん》の優勝者《ゆうしょうしゃ》には、賞金《しょうきん》とその称号《しょうごう》があたえられます。「○○さん」ではなく、「○○名《めい》人《じん》」というように称号《しょうごう》で呼《よ》ばれるのです。

賞金額《しょうきんがく》は、竜王戦《りゅうおうせん》だけが公開《こうかい》されています。竜王戦《りゅうおうせん》の優勝者《ゆうしょうしゃ》は4千《せん》320万円《まんえん》、準優勝者《じゅんゆうしょうしゃ》（挑戦者《ちょうせんしゃ》）も1千《せん》620万円《まんえん》という、すごいお金《かね》

がもらえます。

ほかのタイトル戦《せん》は、賞金《しょうきん》を公開《こうかい》していません。

タイトル戦《せん》の主催《しゅさい》は、ほとんど新聞社《しんぶんしゃ》です。それぞれの棋戦《きせん》のようすや棋譜《きふ》を、主催《しゅさい》している社《しゃ》の新聞《しんぶん》が掲載《けいさい》するからです。

ただ、いちばん新《あたら》しい叡王戦《えいおうせん》は、ドワンゴというIT《アイティー》企業《きぎょう》がやっていて、対局《たいきょく》はインターネットで配信《はいしん》されています。

将棋《しょうぎ》8大《だい》タイトル戦《せん》
1. 竜王戦（りゅうおうせん）
2. 名人戦（めいじんせん）
3. 王座戦（おうざせん）
4. 王位戦（おういせん）
5. 棋王戦（きおうせん）
6. 王将戦（おうしょうせん）
7. 棋聖戦（きせいせん）
8. 叡王戦（えいおうせん）

プロ棋士《きし》になる方法《ほうほう》は？

将棋連盟《しょうぎれんめい》には、新進棋士奨励会《しんしんきししょうれいかい》、略《りゃく》して奨励会《しょうれいかい》という、棋士《きし》を育《そだ》てる組織《そしき》があります。まあ「棋《き》士《し》の卵《たまご》」たちの学校《がっこう》といってよいでしょう。この奨励会《しょうれいかい》を出《で》て四段《だん》になると、はじめてプロ棋士《きし》と呼《よ》ばれるようになります。

四段《だん》といってもピンとこないかもしれませんね。将棋《しょうぎ》の棋力《きりょく》は、級《きゅう》と段《だん》であらわします。棋士《きし》を夢見《ゆめみ》る少年《しょうねん》たちが、奨励会《しょうれいかい》に入《はい》るときは、だいたい棋力《きりょく》が奨励会《しょうれいかい》6級《きゅう》ぐらい。アマチュアでは四段《だん》か五段《だん》くらいで、かなりの強《つよ》さです。それから努力《どりょく》をかさねて、5級《きゅう》、4級《きゅう》、3級《きゅう》、

2級《きゅう》、1級《きゅう》、初段《しょだん》、二段《だん》、そして三段《だん》に昇段《しょうだん》すると、三段《だん》リーグ戦《せん》というものがあります。年《ねん》に2回《かい》、三段《だん》の奨励会員《しょうれいかいいん》たちが30～40人《にん》で戦《たたか》うのです。これが別名《べつめい》「鬼《おに》の三段《だん》リーグ」。

この三段《だん》リーグ戦《せん》の1位《い》と2位《い》の人《ひと》だけが四段《だん》になり、はじめてプロ棋士《きし》となるのです。

三段《だん》リーグ戦《せん》は年《ねん》に2回《かい》なので、つまり1年《ねん》に4人《にん》しか棋士《きし》になれません。

しかも、23歳《さい》までに初段《しょだん》になれないとき、26歳《さい》までに四段《だん》になれないときは、奨励会《しょうれいかい》をやめなければならない決《き》まりです。

いくら将棋《しょうぎ》が好《す》きでも、棋士《きし》になれず、泣《な》く泣《な》くやめていく人《ひと》も多《おお》いとか。

棋士《きし》は、とてもきびしい勝負《しょうぶ》をして、勝《か》ち抜《ぬ》いてきた人《ひと》たちなのです。

どうすれば奨励会《しょうれいかい》に入《はい》れるの？

「そうか、棋士《きし》になるには、奨励会《しょうれいかい》に入《はい》らなくっちゃいけないのか。じゃあ、ぼくも入《はい》ろう！」

そう思《おも》った人《ひと》、いるでしょう。

でも、奨励会《しょうれいかい》に入《はい》るのもたいへん。年《ねん》に1度《ど》の奨励会入会試験《しょうれいかいにゅうかいしけん》を受《う》けなければならないからです。

奨励会《しょうれいかい》は、東京《とうきょう》の関東奨励会《かんとうしょうれいかい》と、大阪《おおさか》の関西奨励会《かんさいしょうれいかい》があります。

このどちらかで試験《しけん》を受《う》けるのですが、その前《まえ》にまずプロ棋士《きし》のすいせんが必要《ひつよう》です。といっても棋士《きし》は、だれでもすいせんするわけではありませんよ。強《つよ》い子《こ》、これならプロで活躍《かつやく》できそうと

見《み》さだめた子《こ》だけをすいせんします。
受験資格《じゅけんしかく》は、満《まん》15歳以下《さいいか》なら奨励会《しょうれいかい》6級以上《きゅういじょう》の棋力《きりょく》であること。アマチュアなら四～五段《だん》、将棋《しょうぎ》県大会《けんたいかい》で優勝《ゆうしょう》から上位入賞《じょういにゅうしょう》ぐらいのレベルです。

受験《じゅけん》は、1次《じ》と2次《じ》があり、

- 1次試験《じしけん》は、筆記試験《ひっきしけん》と受験者《じゅけんしゃ》どうしの対局《たいきょく》
- 2次試験《じしけん》は、奨励会員《しょうれいかいいん》との対局《たいきょく》と面接《めんせつ》

といった内容《ないよう》です。

棋士《きし》すいせんがなくても受験《じゅけん》はできますが、推薦《すいせん》ありのとき以上《いじょう》の棋力《きりょく》が必要《ひつよう》です。小学生名人戦《しょうがくせいめいじんせん》などでベスト4《フォー》に入《はい》るぐらいでないと、すいせんなしというわけにはいきません。奨励会《しょうれいかい》に入《はい》るのも、そうとうむずかしいということがわかりますね。

女性《じょせい》でも棋士《きし》になれる？

はい、女性《じょせい》でも棋士《きし》になれます。将棋連盟《しょうぎれんめい》には「棋士《きし》は男性《だんせい》だけ」という決《き》まりはありません。

でも、ざんねんなことに女性《じょせい》の棋士《きし》はゼロ。奨《しょう》励会《れいかい》の三段《だん》リーグを勝《か》ち抜《ぬ》いて、四段《だん》になった女《じょ》性《せい》の棋士《きし》は、いまのところひとりもいないのです。

「あれ、おかしいな。テレビで女《おんな》の棋士《きし》さんを見《み》るよ」と、ふしぎに思《おも》うかもしれません。

じつはあの女性《じょせい》の棋士《きし》さんたちは、「女流棋士《じょりゅうきし》」で、ふつうの「棋士《きし》」とはちがうのです。女性《じょせい》だから女流棋士《じょりゅうきし》、というわけではありませんよ。棋《き》士《し》とはちがう、べつの組織《そしき》があるのです。

もっとくわしく説明《せつめい》しましょう。

将棋連盟《しょうぎれんめい》には、奨励会《しょうれいかい》とはべつの、「研修会《けんしゅうかい》」という会《かい》があります。研修会員《けんしゅうかいいん》は、アマチュア有《ゆう》段者《だんしゃ》がほとんどです。

いちばん下《した》のF《エフ》2クラスから、F《エフ》1、E《イー》2、E《イー》1、D《ディー》2…とA《エー》1、S《エス》クラスまであります。もし15歳以下《さいいか》でA《エー》2クラスになるか、18歳以下《さいいか》でS《エス》クラスになれば、奨励会《しょうれいかい》に6級《きゅう》で入《はい》れます。

女流棋士《じょりゅうきし》をめざすなら、この研修会《けんしゅうかい》でC《シー》1クラスになれば、女流棋士《じょりゅうきし》3級《きゅう》です。女流棋士《じょりゅうきし》は、女《じょ》流《りゅう》だけの棋戦《きせん》に参加《さんか》して戦《たたか》います。

女流棋士《じょりゅうきし》のトップ、里見香奈女流《さとみかなじょりゅう》五冠《かん》は、現在《げんざい》、奨励会《しょうれいかい》の三段《だん》。三段《だん》リーグを勝《か》ち抜《ぬ》いて、四段《だん》になれば「女流棋士《じょりゅうきし》」ではない「棋士《きし》」になれます。

がんばってほしいですね。

ちがう
ものですよ
女流棋士《じょりゅうきし》
棋士《きし》

棋士《きし》は対局《たいきょく》以外《いがい》に、なにをしているの？

棋士《きし》の収入《しゅうにゅう》は、おもに将棋連盟《しょうぎれんめい》からのお給料《きゅうりょう》と対局料《たいきょくりょう》です。

もし棋戦《きせん》で最初《さいしょ》に負《ま》けたら、それ以上対局《いじょうたいきょく》はありません。もらえる対局料《たいきょくりょう》は、1局分《きょくぶん》だけ。

でも勝《か》ちあがっていけば、対局《たいきょく》が多《おお》くなり、とうぜん対局料《たいきょくりょう》もふえていきます。もし優勝《ゆうしょう》、準優《じゅんゆう》勝《しょう》すれば、その賞金《しょうきん》ももらえます。

ですから対局日以外《たいきょくびいがい》は、将棋《しょうぎ》を忘《わす》れてのんびりする、というわけにはいきません。研究会《けんきゅうかい》（棋士《きし》仲間《なかま》が集《あつ》まって対局《たいきょく》し、意見《いけん》を言《い》いあう会《かい》）や、VS《ブイエス》（1対《たい》1の練習対局《れんしゅうたいきょく》）をさかんにやって、す

こしでも強《つよ》くなろうと努力《どりょく》しています。

将棋《しょうぎ》をひろめるのも、棋士《きし》の大切《たいせつ》な仕事《しごと》です。将棋《しょうぎ》ファンとの交流会《こうりゅうかい》、将棋《しょうぎ》まつりへの出演《しゅつえん》、講演会《こうえんかい》、将棋教室《しょうぎきょうしつ》での指導《しどう》など、対局以外《たいきょくいがい》の仕事《しごと》もたくさんあります。

個人的《こじんてき》に本《ほん》を書《か》いたり、テレビ番組《ばんぐみ》へ出演《しゅつえん》している棋士《きし》もいますね。

人《ひと》の目《め》にふれるこうした仕事《しごと》のほか、将棋連盟《しょうぎれんめい》の運営《うんえい》も、役員《やくいん》になった棋士《きし》の大切《たいせつ》な役目《やくめ》です。将棋《しょうぎ》を応援《おうえん》してくれる企業《きぎょう》、後援者《こうえんしゃ》とのつきあいも必要《ひつよう》です。

そんな仕事《しごと》の合間《あいま》には、もちろん、自分《じぶん》の趣味《しゅみ》も楽《たの》しんでいます。

どうですか。棋士《きし》は対局以外《たいきょくいがい》でも、大《おお》いそがしですね。

棋士《きし》のニックネームを教《おし》えて！

加藤一二三《かとうひふみ》九段《だん》（引退《いんたい》）の「ひふみん」が有名《ゆうめい》ですね。ほかにも、名前《なまえ》がもとになったニックネーム（愛称《あいしょう》）には、
高橋道雄《たかはしみちお》九段《だん》「たかみっち」
橋本崇載《はしもとたかのり》八段《だん》「ハッシー」
門倉啓太《かどくらけいた》五段《だん》「カドック」などがあります。

クラスにも、こんなあだ名《な》の子《こ》がいますよね。

優雅《ゆうが》なファッションの佐藤天彦名人《さとうあまひこめいじん》が「貴族《きぞく》」。ダジャレ好《ず》きで「おつかれマンモス！」とさけぶ豊川孝弘《とよかわたかひろ》七段《だん》が「マンモス」。研究熱心《けんきゅうねっしん》で、東京《とうきょう》大学《だいがく》で実際《じっさい》に講義《こうぎ》する勝又清和《かつまたきよかず》六段《だん》がズバリ「教《きょう》

授《じゅ》」といった、ゆかいなニックネームもあります。

尊敬《そんけい》をこめたキャッチフレーズもありますよ。

谷川浩司《たにがわこうじ》九段《だん》「光速《こうそく》の寄《よ》せ」
久保利明《くぼとしあき》九段《だん》「さばきのアーティスト」
佐藤康光《さとうやすみつ》九段《だん》「1秒間《びょうかん》に1億《おく》と3手読《てよ》む男《おとこ》」
田中寅彦《たなかとらひこ》九段《だん》「序盤《じょばん》のエジソン」
木村一基《きむらかずき》九段《だん》「千駄ヶ谷《せんだがや》の受《う》け師《し》」
里見香奈《さとみかな》女流《じょりゅう》五冠《かん》「出雲《いずも》のイナズマ」

また「○○流《りゅう》」というキャッチフレーズも多《おお》く、

中原誠《なかはらまこと》十六世名人《せいめいじん》「自然流《しぜんりゅう》」
淡路仁茂《あわじひとしげ》九段《だん》「不倒流《ふとうりゅう》」
中村修《なかむらおさむ》九段《だん》「不思議流《ふしぎりゅう》」
森内俊之《もりうちとしゆき》九段《だん》「鉄板流《てっぱんりゅう》」
丸山忠久《まるやまただひさ》九段《だん》「激辛流《げきからりゅう》」などが有名《ゆうめい》です。

どれもカッコいいですね。

棋士《きし》の強《つよ》い順《じゅん》の決《き》めかたは？

将棋《しょうぎ》タイトル戦《せん》のひとつ、名人戦《めいじんせん》。歴史《れきし》がいちばん古《ふる》く、格式《かくしき》が高《たか》い大棋戦《だいきせん》で、優勝者《ゆうしょうしゃ》が「名人《めいじん》」になります。この名人戦《めいじんせん》の挑戦者《ちょうせんしゃ》を決《き》めるのが、順位戦《じゅんいせん》です。多《おお》くの棋士が参加《さんか》しています。

下《した》の図《ず》を見《み》てください。ピラミッドの頂点《ちょうてん》が「名人《めいじん》」、ひとりです。その下《した》がA級《エーきゅう》10人《にん》。A級《エーきゅう》の下《した》はB級《ビーきゅう》1組《くみ》（略《りゃく》してB《ビー》1）13人、B《ビー》2…C《シー》2まであります。いちばん強《つよ》いA級《エーきゅう》10人が対戦《たいせん》をして、勝《か》ち数《すう》がいちばん多《おお》かった棋士《きし》が、名人《めいじん》への挑戦者《ちょうせんしゃ》となります。

〈順位戦《じゅんいせん》のクラス編成《へんせい》〉

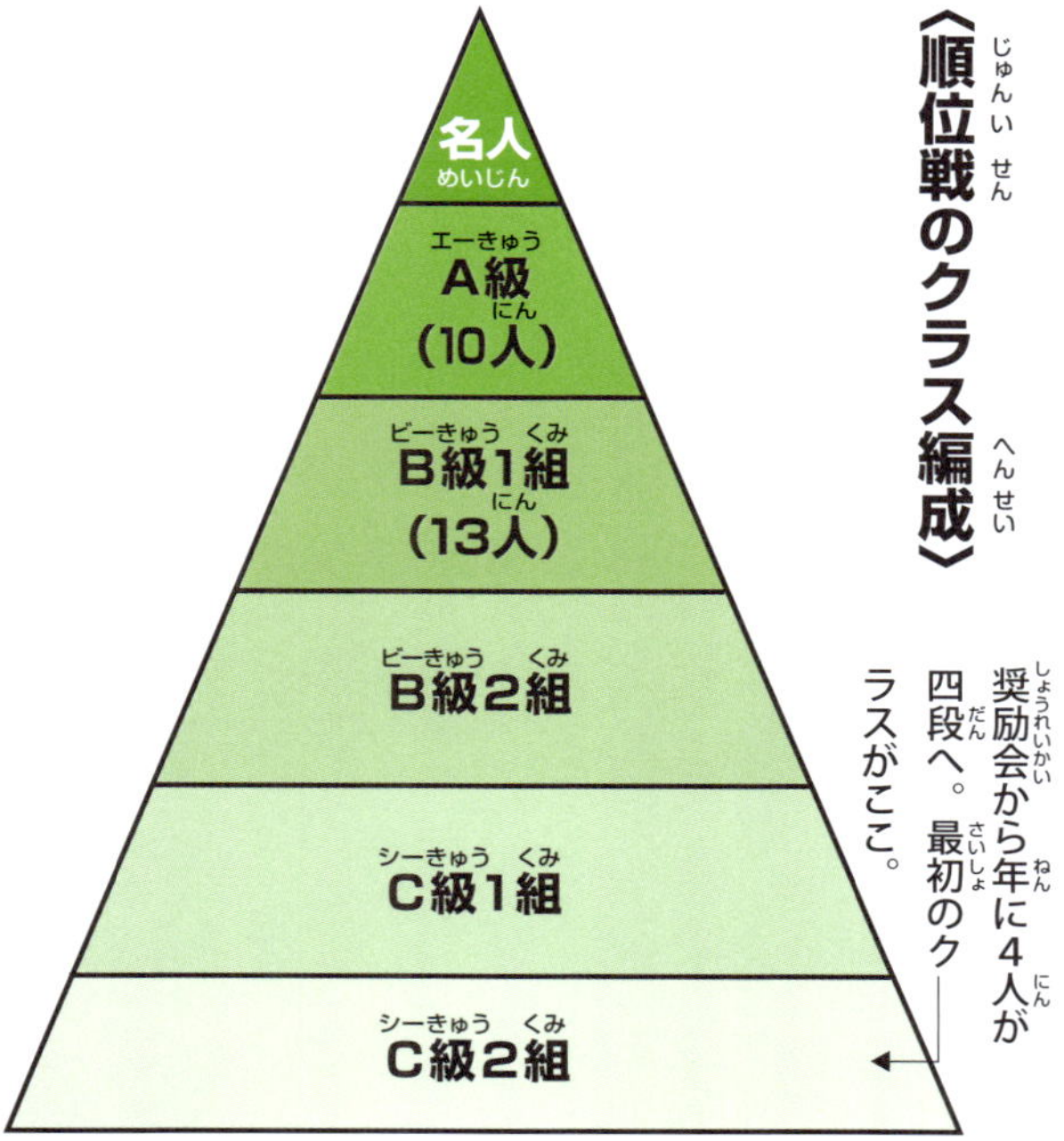

質問《しつもん》にある「将棋《しょうぎ》の強《つよ》い順《じゅん》」は、この順位戦《じゅんいせん》の順位《じゅんい》です。

B《ビー》1も、13人全員《ぜんいん》が対戦《たいせん》して決《き》めます。その下《した》のクラスもそれぞれ対局《たいきょく》をして、勝《か》ち数《すう》によって順位《じゅんい》を決《き》めるので、A級《エーきゅう》の1位《い》からC2の最下《さいか》位《い》まで、ずらりと順番《じゅんばん》がわかります。

順位戦《じゅんいせん》では、各組《かくくみ》の上位《じょうい》が昇級《しょうきゅう》し、逆《ぎゃく》に成績《せいせき》が悪《わる》いと降級《こうきゅう》します。

そしていちばん下《した》のC2で成績《せいせき》が悪《わる》く降級《こうきゅう》になってしまうと、順位戦《じゅんいせん》に出場《しゅつじょう》できない「フリークラス」というグループになってしまいます。

いったんフリークラスになると、かなり勝率《しょうりつ》をあげないと、順位戦《じゅんいせん》に再出場《さいしゅつじょう》できません。

こうしたシステムを見《み》ると、将棋界《しょうぎかい》はかなりきびしいものだとわかるでしょう。

段《だん》位《い》はどのようにして決《き》めるの？

将棋《しょうぎ》の段位《だんい》は、まず勝《か》ち数《すう》によって決《き》まります。

具体的《ぐたいてき》にいうと、つぎのとおりです。

・四段《だん》から五段《だん》へ　１００勝《しょう》
・五段《だん》から六段《だん》へ　１２０勝《しょう》
・六段《だん》から七段《だん》へ　１５０勝《しょう》
・七段《だん》から八段《だん》へ　１９０勝《しょう》
・八段《だん》から九段《だん》へ　２５０勝《しょう》

ちょっとわかりにくいので説明《せつめい》します。

四段《だん》の棋士《きし》が、対局《たいきょく》で１００勝《しょう》したとします。

そうなれば五段《だん》に昇段《しょうだん》です。

そして五段《だん》になったら、また0勝《しょう》からスタートして、１勝《しょう》、２勝《しょう》……と勝《か》ちをかさねていって、

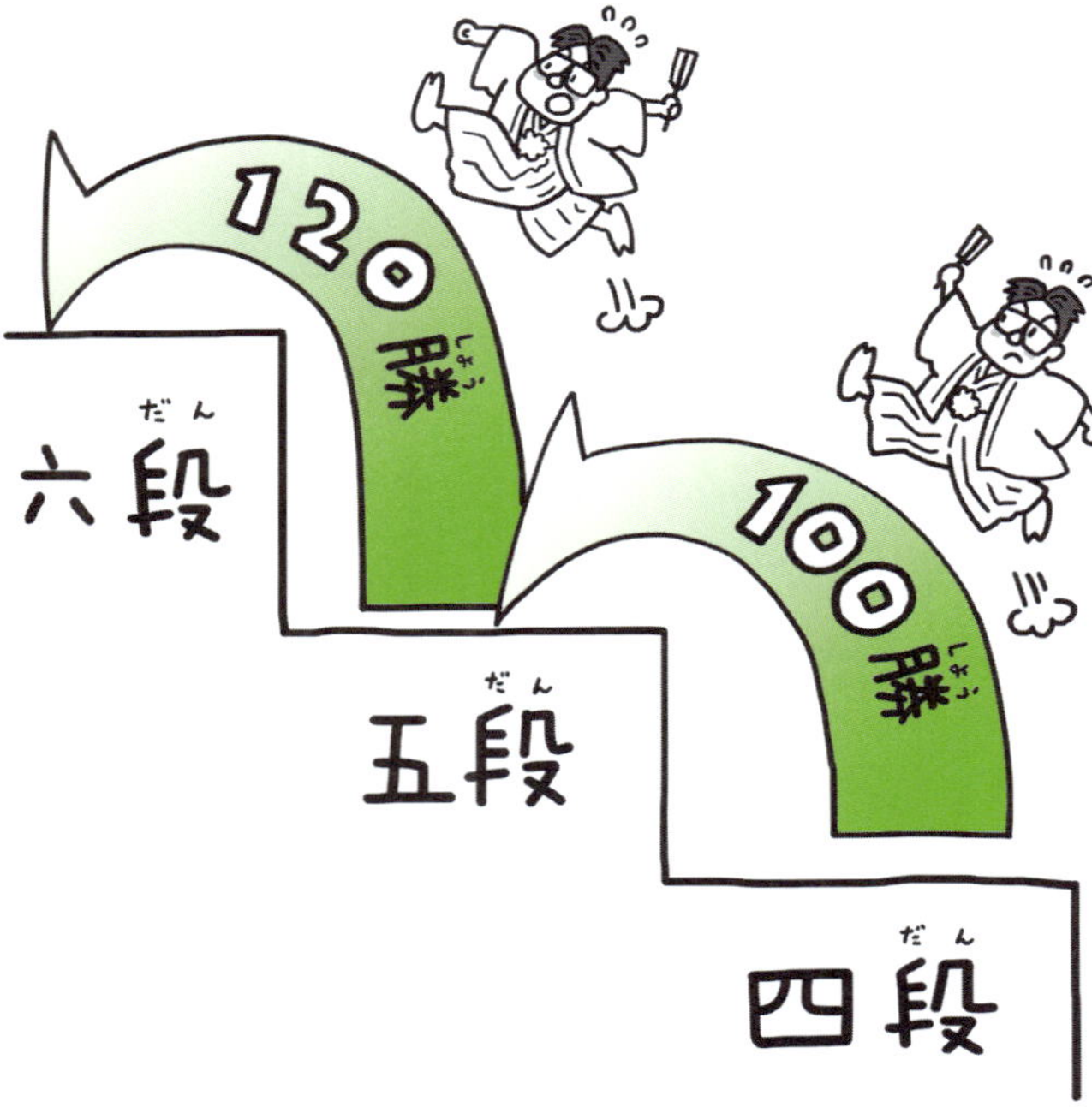

120勝《しょう》したらようやく六段《だん》というわけです。

じつはこのやりかた、四段《だん》から五段《だん》へあがるのはわりにらくなのですが、七段《だん》から八段《だん》、あるいは八段《だん》から九段《だん》と高段《こうだん》になるほど昇段《しょうだん》は、かなりたいへんになるのです。

四段《だん》から五段《だん》へは100勝《しょう》であがれますが、八段《だん》から九段《だん》になるには250勝《しょう》と、勝《か》ち数《すう》が2.5倍《ばい》も必要《ひつよう》となります。

おまけに棋士《きし》は、年《とし》をとると体力《たいりょく》、気力《きりょく》が落《お》ちていくので、勝《か》つのがたいへんになるからです。

この勝《か》ち数《すう》による昇段《しょうだん》のほか、順位戦《じゅんいせん》のクラスで昇級《しょうきゅう》したときや、竜王戦《りゅうおうせん》の組優勝《くみゆうしょう》、全棋士参加《ぜんきしさんか》棋戦優勝《きせんゆうしょう》でも昇段《しょうだん》するなど、かなり複雑《ふくざつ》な決《き》まりがあります。

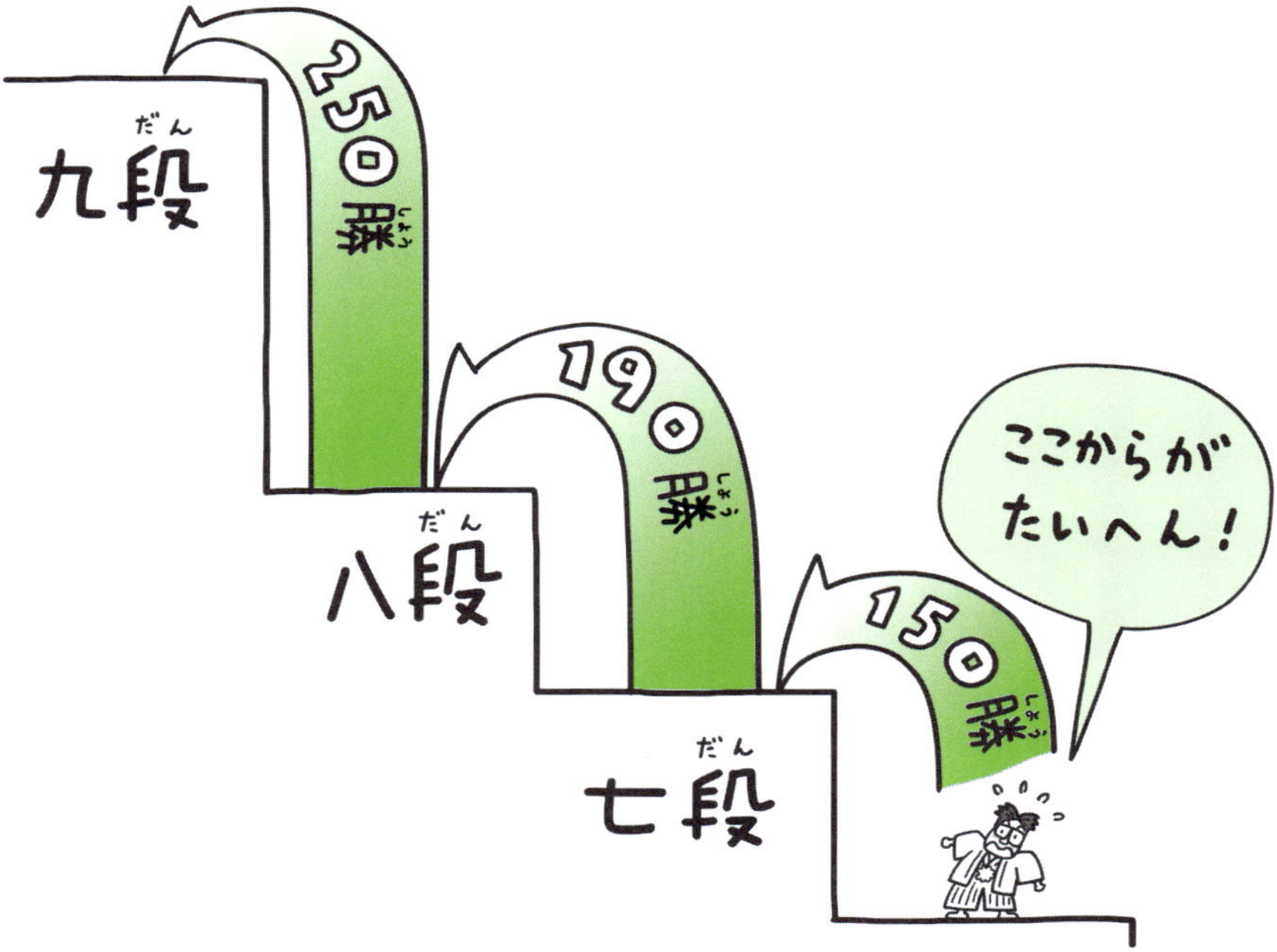

棋士《きし》は目《め》をつぶったままで、将棋《しょうぎ》を指《さ》せるってほんとう？

これはほんとうですよ。すごいですよね。

目《め》かくしをしたり、盤《ばん》に背中《せなか》をむけて将棋《しょうぎ》を指《さ》すことを、「目《め》かくし将棋《しょうぎ》」といいます。

これは、対局者《たいきょくしゃ》が、第《だい》1手目《てめ》から順《じゅん》に、動《うご》かす駒《こま》を「2六歩《ふ》」というように声《こえ》に出《だ》して相手《あいて》につたえ、相手《あいて》もつぎに「3四歩《ふ》」と言《い》いながら対局《たいきょく》を進《すす》めるものです。駒《こま》を動《うご》かすのは係《かかり》の人《ひと》です。

「えーっ、盤《ばん》も駒《こま》も見《み》ないで、そんなことできるの!?」と、びっくりするかもしれません。

でも棋士《きし》は、だいたいこの目《め》かくし将棋《しょうぎ》ができ

るのだそうです。

目《め》かくし将棋《しょうぎ》の達人《たつじん》といわれる、佐藤康光《さとうやすみつ》九段《だん》は、自分《じぶん》は目《め》かくしして、目《め》かくしなしのアマチュアファン5人《にん》と対局《たいきょく》。5人《にん》すべてに勝《か》ったという記録《きろく》を持《も》っています。ほかの棋士《きし》も、さすがにこれには感心《かんしん》したそうです。


棋士《きし》によると、目《め》かくし将棋《しょうぎ》のときは頭《あたま》の中《なか》に盤《ばん》と駒《こま》をおき、「2六歩《ふ》」「3四歩《ふ》」と駒《こま》を動《うご》かしていくので、さほどむずかしくないとか。

ふつうの人《ひと》なら、局面《きょくめん》ひとつおぼえるのもたいへんなのに、どんどん駒《こま》が動《うご》き、変化《へんか》する局面《きょくめん》を頭《あたま》に入《い》れているのは、すごい集中力《しゅうちゅうりょく》です。

目《め》かくし将棋《しょうぎ》は、将棋《しょうぎ》まつりなどでよくおこなっています。興味《きょうみ》のある人《ひと》は、各地《かくち》の将棋《しょうぎ》まつりをのぞいてみてはどうでしょうか。

「長考《ちょうこう》」ではなにを考《かんが》えているの？

棋士《きし》が対局中《たいきょくちゅう》、盤面《ばんめん》を見《み》てじーっと考《かんが》えているときがあります。長時間考《ちょうじかんかんが》えることを「長考《ちょうこう》」といいますが、1時間《じかん》も2時間《じかん》も長考《ちょうこう》するなんて、いったいなにを考《かんが》えているのか、ふしぎに思《おも》いますよね。

棋士《きし》に聞《き》くと、長考《ちょうこう》では、対局《たいきょく》の先《さき》を読《よ》んでいるのだそうです。たとえば「ここに歩《ふ》を打《う》てば相手《あいて》は逃《に》げる、そこで金《きん》を進《すす》めて、相手《あいて》は桂《けい》で応戦《おうせん》するので、こちらは金《きん》を動《うご》かして…」と、おたがいの動《うご》きを考《かんが》えるわけです。そして「じゃあ、ちがう手《て》ならどうだろう」と、

つぎにべつの手《て》を考《かんが》え、「歩《ふ》を打《う》たないで金《きん》を進《すす》めれば、相手《あいて》はむこうの歩《ふ》を動《うご》かすし…」と、また先《さき》を読《よ》むわけです。

こうしていくつかの手《て》を読《よ》んでいると、1時間《じかん》ぐらいあっというまにすぎるのだとか。

これまでの長考記録《ちょうこうきろく》は、青野照市《あおのてるいち》九段《だん》と堀口一《ほりぐちかず》史《し》座《ざ》七段《だん》の順位戦対局《じゅんいせんたいきょく》で、堀口《ほりぐち》七段《だん》は1手《て》に5時《じ》間《かん》24分《ふん》も長考《ちょうこう》しました。

ただし、対局《たいきょく》ではいくらでも長考《ちょうこう》してOK《オーケー》というわけではありません。「持《も》ち時間《じかん》」があって、考《かんが》えた時間《じかん》は持《も》ち時間《じかん》から引《ひ》かれていきます。持《も》ち時間《じかん》がなくなると、1手《て》を1分《ぷん》以内《いない》で指《さ》さなくてはいけません。

ちなみに、名人戦《めいじんせん》のタイトル戦《せん》では持《も》ち時間《じかん》はそれぞれ9時間《じかん》、順位戦《じゅんいせん》はそれぞれ6時間《じかん》です。

奨励会員《しょうれいかいいん》はどんなことをするの？

奨励会員《しょうれいかいいん》は、昇級《しょうきゅう》・昇段《しょうだん》して、四段《だん》のプロ棋士《きし》になることがいちばんの目的《もくてき》です。そのため研究会《けんきゅうかい》をひらいたり、練習対局《れんしゅうたいきょく》をする、インターネットで対局《たいきょく》する、詰《つ》め将棋《しょうぎ》をできるだけ解《と》く、など将棋《しょうぎ》づけの毎日《まいにち》をすごしています。

ところで、奨励会員《しょうれいかいいん》はまだプロ棋士《きし》ではありません。将棋連盟《しょうぎれんめい》からお給料《きゅうりょう》が出《で》ないので、生活費《せいかつひ》は、すべて自分《じぶん》でまかないます。地方《ちほう》から出《で》てきた会員《かいいん》は、アパート代《だい》から生活《せいかつ》費《ひ》まで、すべて自分《じぶん》もち。仕送《しおく》りをしてもらうしかないので、親《おや》もたいへんです。

そこで将棋《しょうぎ》の勉強《べんきょう》が主《しゅ》ではあっても、アルバイト的《てき》に、アマチュアへの指導対局《しどうたいきょく》をしたり、将棋《しょうぎ》連盟《れんめい》の仕事《しごと》を手伝《てつだ》う人《ひと》もいます。将棋《しょうぎ》イベントのセッティングをする、棋士《きし》の対局《たいきょく》で雑用《ざつよう》をこなすといった仕事《しごと》です。

テレビの将棋対局《しょうぎたいきょく》で、対局者《たいきょくしゃ》の奥《おく》にふたりの人《ひと》がいますね。棋譜読《きふよ》みあげの係《かかり》と、記録係《きろくがかり》です。読《よ》みあげ係《がかり》は、「先手《せんて》、３三金《きん》」というように、対局者《たいきょくしゃ》の指《さ》し手《て》を読《よ》みあげる役《やく》。そして記録係《きろくがかり》は、読《よ》みあげた手《て》を棋譜用紙《きふようし》に記録《きろく》していく役《やく》です。これも、奨励会員《しょうれいかいいん》などがつとめます。

棋士《きし》の真剣勝負《しんけんしょうぶ》を記録《きろく》し、同時《どうじ》に自分《じぶん》でも考《かんが》える、感想戦《かんそうせん》での話《はなし》を聞《き》くといったことは、ひじょうに勉強《べんきょう》になります。そのため、記録係《きろくがかり》は大切《たいせつ》な将棋《しょうぎ》の修業《しゅうぎょう》だといわれています。

対局《たいきょく》のときのすわりかたに、決《き》まりはあるの？

日本《にほん》では奥《おく》の席《せき》、和室《わしつ》なら床《とこ》の間《ま》に近《ちか》い席《せき》を上《かみ》座《ざ》といい、入口《いりぐち》に近《ちか》いほうを下座《しもざ》といいます。そして目上《めうえ》の人《ひと》や年齢《ねんれい》が上《うえ》の人《ひと》が上座《かみざ》に、目下《めした》の人《ひと》、年下《としした》の人《ひと》が下座《しもざ》にすわるのがマナーです。将棋《しょうぎ》だけでなく、ふだんもこれは大切《たいせつ》。目上《めうえ》の人《ひと》がいるのに、あなたが奥《おく》のソファーにどかんとすわったりしてはいけませんよ。

対局《たいきょく》では、この上座《かみざ》、下座《しもざ》のすわりかたが重要《じゅうよう》。たとえばタイトル戦《せん》の番勝負《ばんしょうぶ》（決定戦《けっていせん》）では、「名人《めいじん》」などのタイトル保持者《ほじしゃ》が上座《かみざ》、挑戦者《ちょうせんしゃ》が

下座《しもざ》です。この場合《ばあい》、年齢《ねんれい》は関係《かんけい》ありません。タイトルをあらそう場《ば》では、タイトルを持《も》っているほうがぜったいに上位者《じょういしゃ》なのです。

予選《よせん》やリーグ戦《せん》では、各《かく》タイトルの保持者《ほじしゃ》や、永世称号《えいせいしょうごう》（タイトルを何期《なんき》かとった場合《ばあい》に贈《おく》られる名誉称号《めいよしょうごう》）を持《も》った棋士《きし》は別格《べっかく》として、他《た》の棋士《きし》は、段位《だんい》によって上下《じょうげ》を決《き》めます。高段者《こうだんしゃ》が上《かみ》座《ざ》、段《だん》が下《した》なら下座《しもざ》というわけ。

もし段位《だんい》が同《おな》じなら、先輩《せんぱい》を立《た》てるために、若《わか》い人《ひと》のほうが上座《かみざ》をゆずるようです。

ＮＨＫ《エヌエイチケイ》の将棋対局《しょうぎたいきょく》は、撮影用《さつえいよう》のセットでおこなうので、上座《かみざ》、下座《しもざ》の区別《くべつ》がありません。この場《ば》合《あい》は、先手《せんて》、後手《ごて》を振《ふ》り駒《ごま》（46ページ）で決《き》めて、先手《せんて》が画面左側《がめんひだりがわ》、後手《ごて》が右側《みぎがわ》にすわっています。

将棋《しょうぎ》では礼儀《れいぎ》が大切《たいせつ》、というのはなぜ？

歴史《れきし》が古《ふる》く、師匠《ししょう》と弟子《でし》の関係《かんけい》があること、段《だん》級位制度《きゅういせいど》がととのっていることなどから、将棋《しょうぎ》はたんなるゲームというより、武道《ぶどう》や茶道《ちゃどう》、華道《かどう》、相撲《すもう》などに近《ちか》い感《かん》じがあります。

事実《じじつ》、囲碁将棋《いごしょうぎ》のことを「棋道《きどう》」ともいうんですよ。ついでにいうと、相撲《すもう》のことを「相撲道《すもうどう》」ということばもあります。

これら日本《にほん》の伝統文化《でんとうぶんか》は、礼儀作法《れいぎさほう》を重《おも》んじることで、伝統《でんとう》を守《まも》ってきました。

また、棋士《きし》には、強《つよ》さとともに品格《ひんかく》も求《もと》められ

ています。勝負《しょうぶ》に強《つよ》いだけでなく、礼儀正《れいぎただ》しく、人間的《にんげんてき》にもりっぱでこそ、はじめて棋士《きし》だという考《かんが》えです。

そのため棋士《きし》は、対局相手《たいきょくあいて》に敬意《けいい》をはらい、ファンだけでなくだれにでもつねに礼《れい》をつくします。カッコよくいえば、礼儀をおもんじる、これが「将棋棋士《しょうぎきし》の美学《びがく》」なのです。

もし、これからも将棋《しょうぎ》をつづけようと思《おも》うなら、あなたも礼儀《れいぎ》を大切《たいせつ》にしてくださいね。
指《さ》す前《まえ》に「お願《ねが》いします」
負《ま》けたら「負《ま》けました」
終《お》わりに「ありがとうございました」

この3つを忘《わす》れないこと。これらをすっと言《い》えるようになれば、あなたも成長《せいちょう》してぐっとカッコよくなりますよ。がんばれ！

棋士《きし》は着物《きもの》が正装《せいそう》？

重要《じゅうよう》なタイトル戦《せん》では、タイトル保持者《ほじしゃ》も挑戦《ちょうせん》者《しゃ》も着物姿《きものすがた》です。

といっても、「棋士《きし》の正装《せいそう》は着物《きもの》」というルールはありません。事実《じじつ》、番勝負《ばんしょうぶ》でスーツ姿《すがた》の棋士《きし》もいました。ただ「伝統《でんとう》を重《おも》んじる」「相手《あいて》に礼《れい》をつくす」意味《いみ》で、重要《じゅうよう》な棋戦《きせん》には着物姿《きものすがた》でのぞむ棋士《きし》がほとんどです。

着物《きもの》に袴《はかま》、羽織《はおり》という姿《すがた》は、棋士《きし》によくにあいますね。でも、若手棋士《わかてきし》のなかには、ひとりで着《き》られない人《ひと》もいるようです。着付《きつ》けをしてもらうと、ぎゅっとひもをしめられて、対局中《たいきょくちゅう》に苦《くる》しくて困《こま》ったという人《ひと》もいるのだとか。年配《ねんぱい》になると、なれてきて自分《じぶん》ひとりで着《き》たりもします。

女流棋士《じょりゅうきし》も、大事《だいじ》な対局《たいきょく》では、着物《きもの》や、着物《きもの》に袴《はかま》という、はなやかな姿《すがた》になります。

お父さん、お母さんへ

●プロにするには何歳から始める？

趣味として将棋を楽しむのなら、何歳から始めてもかまいません。

けれども、たんなる趣味ではなく、大会に出るぐらいにしたい、できればプロにしたいというのなら、やはり早期に始める必要があります。

具体的にいうと、5～6歳ぐらい。ある程度理解力がそなわり、人の話を聞ける幼稚園の年長さんか小学校1年生ぐらいです。

ただし、この年ごろでは、いきなりルールを教えても、よくわからないことがあります。

そんなときは、まず回《まわ》り将棋、はさみ将棋、山くずしなど、将棋の駒を使った単純なゲームからスタートして、駒の種類、価値などを教えていくのもよいでしょう。

●駒の動きが覚えられない、どうすればいい？

お手持ちの駒、字がわかりやすいですか？　駒の書体が判読できず、動きを覚えられない子もいます。必要なら、駒を買い替えてください。動きを矢印で示した駒と盤のセットもあります。

覚えにくい駒の代表は、金と銀。駒の横とうしろの動きを混乱しがちです。「金は縦横、銀は斜め」と教えると効果的。また「金」は縦横が強調された字、「銀」はつくりが、斜め下にはらう字なので、字形に関連づけて教えるのも手です。

いっぽう大人の感覚では覚えにくそうな桂馬は、動きがおもしろいので、案外らくに覚えます。

もし、どの駒の動きもさっぱり覚えられないというなら、単語カードの裏表に駒名と動きの矢印を書いて、「当てっこ」をしてみてください。

●将棋を知らない親が、教えることはできる？

もちろんですとも！　将棋を知らなくても、入門書を読めば、駒の動きはわかるでしょう。それを子どもに教えてください。実際に駒を動かしたり、上項で述べた「当てっこ」をするのです。

次にこの本で基本ルールを覚え、親子で対局してみましょう。将棋を知らないどうしですから、最初は内容が雑でしょうが、それでかまいません。親と同等の立場にあることが、子どもは楽しいのです。そして親を負かすと、子どもは大喜び。もっと勝ちたいと意欲的になります。

次に、親がいろんな将棋の本を読んで、子どもに伝えてあげましょう。子どもは、自分で本を読んで理解するのが大変です。こみ入った内容は、親がやさしく説明してあげると、理解できます。

●将棋を指す子は、頭がよくなるというのは本当？

たしかに、将棋を指す子は勉強ができるというケースは多いです。それは将棋によって、集中力が養われているからでしょう。

小学校の勉強はさほど難しくないので、少し勉強すれば、すぐに成績があがります。ただ大半の子は、集中して机に向かうことができないのです。

集中力があれば、遊びと勉強の切り替えが早く、ドリルや書き取りなど基本的な学習作業も早くこなしますので、結果的に、成績アップが望めるかと思われます。

もうひとつ。将棋では「先を読む」作業で、判断力、思考力、想像力が身につきます。これは、学習に必要な「考える力」でもあります。将棋は学習能力の基盤を養うともいえます。

●中学受験に将棋はジャマ？

渡辺明棋王や森内俊之九段など、将棋をつづけながら、私立中学校に合格した棋士はいます。

ただし、私立中学受験は、志望校や成績など、個人的な要素が大きくからんだ問題です。中学受験に将棋がジャマになるとも、ジャマにならないとも、いちがいにはいえません。

ただ、将棋三昧《ざんまい》で受験勉強をさぼるという状況でなければ、勉強の合間に将棋を指すのはよい気晴らしになります。将棋で養われた集中力は、こんなときこそ役立つはずです。

公立中には将棋部はあまりありませんが、私学ではけっこう多いようです。もし受験校に将棋部があるなら、「合格したら将棋部に」というのも、モチベーションを上げるのに役立つでしょう。

●負けると泣いて手がつけられない。どうすればいい？

負けずぎらいな性格は、将棋では有利に働きます。しかし、手がつけられなくなるほど泣くのは、感情のコントロールができていないことです。対局には、冷静さが欠かせません。

親御さんは、まずなだめて、落ち着かせなければいけませんが、ただ「かわいそう」ですませないこと。勝者が悪者になってしまうからです。「負けたのは、相手の力が上だったから」という事実をしっかり認識させてください。そして「残念だったね、勝つためにもっと頑張ろう」と励まします。

もうひとつ。棋士はみな、負けたくやしさや悲しさを山のように体験しているのだということを、教えてあげてください。

●できるだけ応援してやりたいが、なにをすればいい？

親御さんが将棋を指せるなら、できるだけ対局してあげましょう。最初は勝つ楽しさを体験させるための、駒落ち（62～65ｐ）対局です。力がついてきたら、ハンデも徐々に小さく。親子で勝ったり負けたりするぐらいがベスト。勝つうれしさ、負けるくやしさ、その両方を体験させることです。

将棋を指す以外にも、応援できることはたくさんあります。将棋教室をさがす、教室や大会への送迎、将棋の本を選ぶ、子どもにむくネット対局サイトの登録をする（親が管理することを忘れずに）など。どれも親でなければできないことです。

また、礼儀面の指導もおこなってください。相手に礼をつくすことを覚えると、将棋にかぎらず、すべての面で子どもは大きく成長します。

●負けてばかりだけど、どうフォローすればいい？

負けたとき、お子さんはどんなですか？　涙ぐんだり、くやしがっているなら、まあ普通です。「残念だったね。でもよくやったよ」となぐさめて、おやつを奮発してあげる程度でよいでしょう。

ただし「負けてばかり」なのは、勝つ力がないからなので、勝てる方法、すなわち囲いや戦法、定跡《じょうせき》をしっかり勉強させることが大切です。

いっぽう、負けつづけてケロリとしているなら、これは問題。負けて平気なのは、将棋に夢中になっていないからです。親に言われて指しているだけかもしれません。駒落ち将棋で、勝つ喜びをうんと体験させてあげてください。

「また負けた、どうして勝てないの！」と、親だけが熱くなるのがいちばんよくありません。

●子どもが参加できる将棋の大会はある？

小学生が出場できる大会には、左のようなものがあります。「小学生将棋名人戦」だと、２月にある予選会の、ひと月ほど前から将棋連盟ＨＰに申込方法などが載ります。参加費は１０００円。

ただ名人戦に出場するのは、有段の子ばかりです。もし参加が初めてならば、名人戦といっしょにおこなわれる小学生交流将棋大会のほうに参加してみるとよいでしょう。

交流大会は、小学生の級位者を対象にしたＡクラスと、初心者のＢクラスがあります。

その他詳しいことは、将棋連盟ＨＰなどで調べられます。

小学生将棋名人戦
小学生倉敷王将戦
東急小学生将棋大会
ＹＡＭＡＤＡこどもチャレンジ杯
テーブルマークこども大会
J:COM 杯3月のライオン子ども将棋大会
U18 将棋スタジアム
小学生駒姫名人戦（女子のみ）

将棋が強くなるためには

将棋が強くなるためには、いろいろな人と何回でも将棋を指すことです。学校や公民館、地域の文化センターなどに将棋クラブがあるなら、こうしたところに参加するのがおすすめ。また、町にある将棋道場には対戦相手がたくさん来ています。実戦を指して上達するのには絶好の場です。
日本将棋連盟では、各地の支部で将棋親子教室を開いていたり、初心者将棋教室や子ども将棋教室などもあります。また、下記の将棋会館には将棋道場もあります。

■公益社団法人 日本将棋連盟
〒151-8516東京都渋谷区千駄ヶ谷2-39-9
電話03-3408-6161
■関西将棋会館
〒553-0003大阪府大阪市福島区福島6-3-11
電話06-6451-7272

本書に関するご質問については、記載されている内容に関するもののみ受け付けております。本書の内容と関係のないご質問、および「このように指したら以下どうなるのか」といった変化に関するご質問にはお答えしかねますので、あらかじめご了承ください。また、電話でのご質問は受け付けておりません。FAX・はがき・手紙にて大阪本社 将棋係までお送りください。

子どもにウケる
将棋超入門
2018年1月20日　第1版第1刷発行

●編　者	創元社編集部
●発行者	矢部敬一
●発行所	(株)創元社
	[本社] 〒541-0047 大阪市中央区淡路町4-3-6
	電話06-6231-9010(代表) ファックス06-6233-3111
	[東京支店] 〒162-0825 東京都新宿区神楽坂4-3 煉瓦塔ビル
	電話03-3269-1051(代表)
●印刷所	株式会社加藤文明社
	©Sogensha 2018 Printed in Japan
	ISBN978-4-422-75144-3

落丁本・乱丁本はお取り替えします。
本書の全部または一部を無断で複写・複製することを禁じます。

●ホームページ：http://www.sogensha.co.jp/

JCOPY 〈出版者著作権管理機構 委託出版物〉
本書の無断複写は著作権法上での例外を除き禁じられています。
複写される場合は、そのつど事前に、出版者著作権管理機構
(電話 03-3513-6969、FAX03-3513-6979、e-mail:info@jcopy.or.jp)の許諾を得てください。